COME IMPARARE IL COREANO IN 30 GIORNI

Stefania Simonato

INDICE

TAVOLE FONETICHE ... 9

PREMESSA ... 13

1. L'ALFABETO COREANO - CODICE MARZIANO? ... 15
1.1. Esercizi ... 17
1.2. I segreti svelati in questo capitolo ... 19
1.3. Soluzioni ... 19

2. LE VOCALI DELL'ALFABETO COREANO ... 21
2.1. Esercizi ... 23
2.2. I segreti svelati in questo capitolo ... 26
2.3. Soluzioni ... 27

3. LE CONSONANTI DELL'ALFABETO COREANO ... 28
3.1. Esercizi ... 37
3.2. I segreti svelati in questo capitolo ... 39
3.3. Soluzioni ... 40

4. COSA SONO LE POSPOSIZIONI ... 41
4.1. Esercizi ... 44
4.2. I segreti svelati in questo capitolo ... 45
4.3. Soluzioni ... 46

5. COME SALUTARE IN COREANO ... 47
5.1. Esercizi ... 52
5.2. I segreti svelati in questo capitolo ... 54
5.3. Soluzioni ... 55

6. IL MIO NOME – COME SCRIVERLO IN COREANO ... 57
6.1. Esercizi ... 62
6.2. I segreti svelati in questo capitolo ... 63
6.3. Soluzioni ... 63

7. COME TI CHIAMI? – COME PRESENTARSI ... 65
7.1. Esercizi ... 71
7.2. I segreti svelati in questo capitolo ... 74
7.3. Soluzioni ... 74

8. UN APPELLATIVO PER TUTTI ... 76
8.1. Esercizi ... 78
8.2. I segreti svelati in questo capitolo ... 79
8.3. Soluzioni ... 79

9. COME CALCOLARE L'ETÀ SECONDO I COREANI ... 81
9.1. Esercizi ... 89
9.2. I segreti svelati in questo capitolo ... 91
9.3. Soluzioni ... 92

10. IL MIO ANNO DI NASCITA ... 93

10.1. Esercizi ... 99
10.2. I segreti svelati in questo capitolo ... 100
10.3. Soluzioni ... 100

11. COME DIRE CHE GIORNO È… ... 103
11.1. Esercizi ... 108
11.2. I segreti svelati in questo capitolo ... 109
11.3. Soluzioni ... 110

12. COME ESPRIMERE LASSI DI TEMPO E CHIEDERE FAVORI ... 112
12.1. Esercizi ... 119
12.2. I segreti svelati in questo capitolo ... 121
12.3. Soluzioni ... 122

13. HO UN APPUNTAMENTO: DOVE E QUANDO? ... 124
13.1. Esercizi ... 129
13.2. I segreti svelati in questo capitolo ... 132
13.3. Soluzioni ... 133

14. SONO ITALIANO – LA MIA NAZIONALITÀ ... 135
14.1. Esercizi ... 139
14.2. I segreti svelati in questo capitolo ... 140
14.3. Soluzioni ... 141

15. OGGI MI SENTO UNA STAR DEL CINEMA! ... 143
15.1. Esercizi ... 147
15.2. I segreti svelati in questo capitolo ... 148
15.3. Soluzioni ... 148

16. PERCHÉ SONO VENUTO IN COREA? ... 150
16.1. Esercizi ... 153
16.2. I segreti svelati in questo capitolo ... 155
16.3. Soluzioni ... 156

17. SCUOLA E LAVORO – IL MIO BIGLIETTO DA VISITA ... 157
17.1. Esercizi ... 162
17.2. I segreti svelati in questo capitolo ... 163
17.3. Soluzioni ... 164

18. HOBBY E TEMPO LIBERO ... 165
18.1. Esercizi ... 171
18.2. I segreti svelati in questo capitolo ... 173
18.3. Soluzioni ... 174
19. TUTTO DI FRETTA – IL POPOLO DAL SANGUE CALDO ... 176
19.1. Esercizi ... 180
19.2. I segreti svelati in questo capitolo ... 182
19.3. Soluzioni ... 182

20. COME ORDINARE DA MANGIARE AL RISTORANTE ... 184
20.1. Esercizi ... 188
20.2. I segreti svelati in questo capitolo ... 189

21. COME ORDINARE DA BERE AL BAR ... 190

21.1. Esercizi....192
21.2. I segreti svelati in questo capitolo....194
21.3. Soluzioni....194

22. LA VITA NOTTURNA IN COREA TRA ALCOL E MUSICA....195
22.1. Esercizi....200
22.2. I segreti svelati in questo capitolo....202
22.3. Soluzioni....203

23. COME FARE SHOPPING ECONOMICO....204
23.1. Esercizi....206
23.2. I segreti svelati in questo capitolo....207
23.3. Soluzioni....207

24. COME PRENOTARE ED ACQUISTARE ONLINE....208
24.1. Esercizi....210
24.2. I segreti svelati in questo capitolo....211
24.3. Soluzioni....211

25. DA CHE PARTE VADO? – I MEZZI PUBBLICI A SEOUL....212
25.1. Esercizi....215
25.2. I segreti svelati in questo capitolo....215
25.3. Soluzioni....217

26. COME CHIEDERE INFORMAZIONI STRADALI
26.1. Esercizi....223
26.2. I segreti svelati in questo capitolo....224
26.3. Soluzioni....225

27. CARTE DI CREDITO, PAGAMENTI E PRELIEVI....226
27.1. Esercizi....230
27.2. I segreti svelati in questo capitolo....232
27.3. Soluzioni....232

28. COME TROVARE CASA....234
28.1. Esercizi....242
28.2. I segreti svelati in questo capitolo....244
28.3. Soluzioni....244

29. COME FARE SE CI SI AMMALA IN COREA....246
29.1. Esercizi....252
29.2. I segreti svelati in questo capitolo....253
29.3. Soluzioni....254

30. LA CARTA DELLO STRANIERO....256
30.1. Esercizi....259
30.2. I segreti svelati in questo capitolo....260
30.3. Soluzioni....261

Conclusioni....262

TAVOLE FONETICHE

Di seguito sono riportati tutti i simboli dell'alfabeto coreano che andremo a studiare nei prossimi capitoli; potrete consultare queste tabelle ogni qualvolta avrete un dubbio su come scrivere o leggere un carattere.

ㅣ	"i"	-i come in "isola"
ㅏ	"a"	-a come in "casa"
ㅜ	"u"	Simile alla –u in "buio"; provate a tendere di più le labbra in una specie di bacio.
ㅔ	"ě" (E chiusa)	La differenza tra le 2 –e è come quella che abbiamo in italiano tra "pesca" il frutto e "pesca" lo sport. I due suoni oggigiorno risultano uguali e vengono pronunciati come in italiano.
ㅐ	"ē" (E aperta)	
ㅗ	"ŏ" (O chiusa)	Chiudete le labbra a cerchio come per pronunciare una -U, ma spingete il suono verso il basso, cercando di emettere una -O.
ㅓ	"ō" (O aperta)	Simile alla nostra invocazione in caso di diverbio; la bocca deve essere bella aperta!
ㅡ	"ŭ"	Tirate i lati della bocca come se foste un po' disgustati; attenzione a non caratterizzare troppo il suono!
ㅑ	ㅣ + ㅏ "ya"	Come –ia in "fiaba"
ㅠ	ㅣ + ㅜ "yu"	Come –iu in "fiume"
ㅟ	ㅜ + ㅣ "ui"	Come –ui in "qui"
ㅖ	ㅣ + ㅔ "yě"	Anche in questo caso non c'è differenza di suono, vengono solamente usate in casi diversi. Sono pronunciate come –ie in "siepe".
ㅒ	ㅣ + ㅐ "ye"	
ㅛ	ㅣ + ㅗ "yŏ"	Simile a –io in "gioco" (attenzione a pronunciare la –o CHIUSA)
ㅚ	ㅗ + ㅣ = "UE" (come ㅙ e ㅞ)	Come –ue in "quello"
ㅕ	ㅣ + ㅓ "yō"	Simile a –io in "gioco" (attenzione a pronunciare la –o APERTA)

ㅢ	ㅡ + ㅣ si legge: ㅡ + ㅣ "ŭ-i" a inizio parola; come ㅣ "i" in mezzo ad una parola; come ㅔ "ĕ" al termine di parola (con la funzione di genitivo/complemento di specificazione)	Non è simile ad alcun suono della lingua italiana, ma può sembrare il rumore emesso per disgusto stendendo la bocca ai lati.
ㅘ	ㅗ + ㅏ = "UA"	come –ua in "acqua"
ㅙ	ㅗ + ㅐ = "UĒ" (come ㅚ e ㅞ)	come –ue in "quello"
ㅝ	ㅜ + ㅓ "uō"	come –uo in "suocera"
ㅞ	ㅜ + ㅔ "uĕ" (come ㅚ eㅙ)	come –ue in "quello"

ㄱ	K/G	K come la –C in "casa"; G come la –G in "gatto"
ㄴ	N	N come la –N in "notte"
ㄷ	T/D	T come la –T in "tutto"; D come la –D in "dito"
ㄹ	R	Questo suono è un misto tra –R e –L (provate a pronunciare lievemente il suono –R lasciandolo un po' vago).
ㅁ	M	M come la –M in "madre"
ㅂ	P/B	P come la –P in "pioggia"; B come la –B in "bianco"
ㅅ	S	S come la –S in "sogno"; quando è seguita dalla vocale "i" il suono diventa "shi", come gli "sci" da neve.
ㅇ	Ø (nessun suono) ; -NG se in terza posizione come in 용 "yong" = dragone (vedremo successivamente come pronunciarlo)	
ㅈ	CI/J	CI è simile alla –C in "ciao"; J è simile alla –G in "giallo"
ㅎ	H	Il suono –H è aspirato come nell'inglese "hotel"

ㄲ	da - ㄱ	KK	Simile a –CC in “paCCo”
ㄸ	da - ㄷ	TT	Simile a –TT in “maTTo”
ㅃ	da - ㅂ	PP	Simile a –PP in “taPPa”
ㅆ	da - ㅅ	SS	Simile a –SS in “maSSo”
ㅉ	da - ㅈ	CCI	Simile a –CCI in “faCCIo”
ㅋ	ㄱ + ㅎ	KH	K aspirata
ㅌ	ㄷ + ㅎ	TH	T aspirata
ㅍ	ㅂ + ㅎ	PH	P aspirata
ㅊ	ㅈ + ㅎ	HCI	Il suono ㅈ “ci” aspirato

consonante	**Suono a inizio sillaba**	**Suono centrale**	**Suono a fine sillaba**
ㄱ	K	G	K sorda
ㄴ	N	N	N
ㄷ	T	D	T sorda
ㄹ	R	R	L
ㅁ	M	M	M
ㅂ	P	B	P sorda
ㅅ	S	S	T sorda
ㅇ	Ø (nessun suono)	Ø (nessun suono)	NG
ㅈ	CI	J	T sorda
ㅎ	H	H	T sorda
ㄲ	KK	KK	K sorda
ㄸ	TT	TT	T sorda
ㅃ	PP	PP	P sorda
ㅆ	SS	SS	T sorda
ㅉ	CCI	CCI	T sorda
ㅋ	KH	KH	K sorda
ㅌ	TH	TH	T sorda
ㅍ	PH	PH	P sorda
ㅊ	HCI	HCI	T sorda

PREMESSA

Questo libro è il risultato dell'incontro tra la mia innata passione per la cultura coreana e l'esperienza diretta da studentessa e viaggiatrice in Corea del Sud.

La lingua coreana mi ha affascinata da subito per la sua schematicità, caratteristica non troppo comune nello studio delle lingue. Questa caratteristica però comporta anche molte regole da imparare a memoria, troppo faticose per chi si approccia per la prima volta allo studio di questa lingua! Pertanto, ho cercato di tralasciarle il più possibile, per renderle intuibili attraverso gli esercizi; chi volesse proseguire lo studio di questa fantastica lingua sarebbe poi già a conoscenza di molti casi specifici e le regole da imparare diventerebbero quasi scontate. Questo è un metodo molto pratico e funzionale.

Quando ho iniziato a studiare coreano in Italia non ho trovato testi che mi aiutassero a capire veramente la società contemporanea e quando ho messo piede in Corea per la prima volta mi sono sentita davvero spaesata.

Avrei voluto che qualcuno mi prendesse per mano e mi mostrasse tutte quelle cose che ho poi appreso in anni di esperienza diretta. Ho cercato oltretutto di essere molto oggettiva nell'esposizione del materiale: molto spesso capita che l'amore per la Corea porti le persone (soprattutto le ragazzine) ad avere un'immagine idilliaca di questa nazione, senza però conoscere o riconoscere anche gli aspetti problematici.

"COME IMPARARE COREANO IN 30 GIORNI" si prefigge quindi di essere il metodo più veloce e piacevole per imparare il coreano. *L'obiettivo è quello di studiare un capitolo al giorno, per un totale di 30 giorni!*

Ogni capitolo parte da un aneddoto culturale, arrivando pian piano ad una regola grammaticale, qualche parola e tanti esercizi per testarsi. Ogni capitolo vi aiuterà **quindi a capire la Corea sempre più a fondo**. È adatto sia per chi lavora sia per chi viaggia... sia per chi è solamente curioso di imparare qualcosa su questa cultura piena di sorprese! La difficoltà di uno straniero non sta solamente nella comunicazione verbale, ma anche nel comprendere la cultura di chi lo ospita.

Con questo "libriccino" potrete immergervi nella vera cultura della Corea del sud, diventando, con un po' di pazienza, dei piccoli esperti!

N.B. Per ottenere il massimo da questo corso, oltre che studiare un capitolo al giorno, dovrete avere un quaderno sempre a portata di mano su cui prendere nota di tutto, esercitarvi e ripetere rapidamente le cose apprese man mano.

Stefania Simonato

Nota del Direttore Editoriale

Questo libro appartiene ad un filone per l'apprendimento delle **lingue che rappresenta un fiore all'occhiello per la nostra casa edi**trice. Il nostro metodo per imparare una lingua in soli 30 giorni ha riscosso sin dalla prima pubblicazione un clamoroso successo.

Come mai, vi chiederete. Semplice: **siamo stati i primi a realizzare dei libri per l'apprendimento delle lingue divertenti e facili da leggere**, in quanto pieni di aneddoti e scritti in modo molto colloquiale. Vorrei citare i libri di **Spagnolo**, **Inglese** e **Tedesco** di **Giovanni Sordelli**, che è stato il primo autore ad aprire questo filone di cui siamo sinceramente orgogliosi. Ne sono seguiti il **Cinese** di **Ippolita Lo** e il **Russo** di **Chiara Monetti**. Ed eccoci ora al Coreano!

Non solo il "**COME IMPARARE IL COREANO IN 30 GIORNI**" è la via più veloce e simpatica per imparare il coreano, risultando un **metodo davvero funzionale che spiega praticamente "come fare"** nelle varie situazioni linguistiche in cui il lettore si troverà, ad esempio durante un viaggio in Corea; il libro si presenta anche, sotto molti aspetti, come una vera e propria **guida al "vivere coreano"**, descrivendo interessantissimi momenti della cultura coreana, e anche aiutando il lettore a risolvere numerose "faccende" della vita quotidiana in Corea: come trovare casa, per esempio, ma anche come effettuare prelievi e affrontare gli ATM; come compilare la carta dello straniero; come fare acquisti online in Corea o su store coreani... .

In definitiva, è bello avere finalmente tra le mani un manuale in cui la lingua e la didattica della lingua si fanno vive, uscendo dalla pagina e insegnando a vivere la Corea, mentre la si parla.

Daniele Corradi
Direttore Editoriale HOW2 Edizioni

1. L'ALFABETO COREANO - CODICE MARZIANO?

Una lingua così diversa dalla nostra fa paura, specialmente per il metodo di scrittura a noi completamente estraneo. C'è, però, una buona notizia: è fonetico! Ogni simbolo, quindi, corrisponde ad un suono. È esattamente come il nostro alfabeto italiano, ma con l'utilizzo di simboli alternativi.

Visivamente la scrittura coreana può sembrare un alfabeto alieno: è un susseguirsi di pallini e piccole linee dritte. Guardiamo ora questa frase:

한글을배우기는힘들지않다.

Il suo significato è "Imparare la scrittura coreana è non difficile", mentre viene pronunciato "han-gŭ-rŭl pē-u-ghi-nŭn him-dŭl-ji an-tha".

Per il momento vi sembreranno tutti simboli uguali che alla lettura diventano scioglilingua! Ma vedrete che tra poco sarete anche voi capaci di leggerla e capirla senza problemi!

Per il momento concentriamoci sull'aspetto visivo.

Dividiamo le diverse parti: **한글을 / 배우기는 / 힘들지 / 않다.**

Prendiamo in considerazione la prima parola: **한글을** (han-gŭ-rŭl, la scrittura coreana).

Questa parola è formata da tre sillabe: **한**, **글**, **을**.

Analizziamo la prima sillaba **한**.

Possiamo scomporla ulteriormente in tre simboli distinti: **ㅎ**, **ㅏ**, **ㄴ**.

Si tratta di simboli "base"; ognuno rappresenta un suono diverso:

ㅎ è il simbolo per –H

ㅏ è –A

ㄴ sta per –N

Questi non possono essere utilizzati da soli, devono per forza essere raccolti in gruppi a formare delle sillabe, come nel caso appena visto di **한**.

La sillaba si scrive all'interno di un triangolo immaginario: la posizione dei suoni **ㅎ**, **ㅏ** e **ㄴ** in **한** non è quindi casuale.

Una sillaba deve sempre iniziare con una consonante, seguita da una vocale.

La consonante prende il posto in alto a sinistra, come **ㅎ** ("H") in **한**.

La vocale trova posto accanto o sotto la consonante già scritta.

ㅏ (-A) è una di quelle vocali che deve essere scritta a lato della consonante: ㅎ + ㅏ = 하.

Al contrario il simbolo ㅜ, che rappresenta la nostra –U, deve essere posto sotto la consonante già scritta: ㅎ + ㅜ = 후 .

Tra poco vedremo la tabella completa delle vocali, con tutte le possibilità.

Infine, sotto consonante e vocale ci possono essere una o due consonanti: come ㄴ ("N") in 한.

L'ultima parola della frase è 않다.

In 않 abbiamo quattro simboli: ㅇ, ㅏ, ㄴ, ㅎ.

ㅏ, ㄴe ㅎgià li conosciamo: corrispondono a -A, -N, -H.

Il pallino – ㅇ ha due suoni diversi.

Se scritto in prima posizione (come prima consonante in alto a sinistra) non ha suono: viene scritta solo per l'armonia nei caratteri, in accompagnamento ad una vocale.

In 않: ㅇ è la consonante in prima posizione e ㅏ ("A") è la vocale che segue.

Sotto questi primi due simboli, a differenza della sillaba 한 ("HAN"), ci sono due consonanti finali: ㄴ e ㅎ (-N e –H).

Nella maggior parte dei casi solo uno dei due suoni viene letto, seguendo rigide regole di lettura. Vedremo tra poco un esempio.

In 않다 abbiamo visto nello specifico la sillaba 않.

Andiamo ora a considerare la seconda sillaba 다:

ㄷ in 다 è il simbolo del suono –T;

Quindi ㄷ + ㅏ è "T" + "A" .

In 않다 abbiamo quindi:

ㅇ = consonante muta

ㅏ = A

ㄴ = N

ㅎ = H

ㄷ = T

ㅏ = A

La parola 않다 viene pertanto letta "an-tha", con una –T aspirata per colpa di –H nel mezzo.

Vediamo ora un esempio per capire come si comportano le doppie consonante in "ultima posizione".

Nel caso di 않다 (an-tha):

Per la sola sillaba 않 leggeremmo "an", avanzando –H (ㅎ).

La seconda sillaba 다 è invece "ta".

–H (ㅎ) si trova nel mezzo di queste due letture. I suoni, come vedremo meglio nei prossimi capitoli, tendono a slittare verso la sillaba successiva quando nella prima c'è "affollamento". Se anche la sillaba successiva fosse troppo piena di suono allora quello in più nel mezzo si andrebbe a perdere.

Nel caso di 않다, -ㅎ e -ㄷ sono compatibili: -ㅎ rende il suono di -ㄷ aspirato. Proprio per questo motivo la lettura finale è "an-tha".

Consideriamo invece il verbo "sedersi" 앉다.

Tra 않다 e 앉다 l'unica differenza sta in un suono: in 앉다 abbiamo –ㅈ nel mezzo, nella stessa posizione di –ㅎ in 않다.

A differenza di 않다 in questo caso è -ㅈ il suono che avanza dalla prima sillaba. Ma –ㅈ non è compatibile con –T (ㄷ) presente all'inizio della seconda sillaba. Per questo motivo –ㅈ viene persa, rimanendo "muta".

Per questo la lettura finale della parola 앉다 è "an-ta".

Tornando ai singoli simboli "base" come ㅎ, ㅏ e ㄴ (scritti non raggruppati a sillaba), potete usarli da soli solo nei messaggini, per abbreviare alcune parole.

Per esempio ㄴㄴ (="NN") viene usato per abbreviare 노노 ("nŏ nŏ", la doppia negazione), dove ㄴ è –N e ㅗ è –Ŏ.

Anche ㅗ (-Ŏ) come ㅜ (-U) è una di quelle vocali che vengono scritte sotto la consonate che le precede.

Potete usare i simboli anche per onomatopee e faccine carine.
Divertitevi a comporne di tutti i tipi!
La mia preferita rimarrà sempre quella un po' tonta composta da due pallini per gli occhi e il musetto formato da –ㅅ (-S):

ㅇㅅㅇ

1.1. Esercizi

Vediamo ora qualche esercizio per controllare quello che abbiamo imparato oggi!

Le soluzioni sono a fine capitolo.

1: Quale di queste parole nella frase
"한글을배우기는힘들지않다"
significa "la scrittura coreana"?
1. 한글을
2. 배우기는
3. 힘들지
4. 않다

2: Provate a leggere i seguenti simboli e selezionatene la giusta pronuncia.
Esempio:
ㅏ:
1. A
2. H
3. N
Il simbolo " ㅏ " si legge "A" e pertanto la risposta esatta è la 1.

A) ㅎ:
1. Ø (non ha suono)
2. N
3. H

B) ㄴ:
1. N
2. T
3. H

C) ㅇ:
1. H
2. Ø (non ha suono)
3. U

D) ㄷ:
1. L
2. T
3. Ø (non ha suono)

3. Dove vanno posizionate le seguenti vocali rispetto alla consonante a cui si riferiscono?
Esempio:
ㅜ (-U):
1. Sopra
2. A lato

3. Sotto

La vocale –U viene posta sotto le consonanti (come in "후"), pertanto la risposta esatta è la 3.

A) ㅗ (-Ŏ):
1. Sopra
2. A lato
3. Sotto

B) ㅏ (-A):
1. Sopra
2. A lato
3. Sotto

1.2. I segreti svelati in questo capitolo

- Nella lingua coreana ci sono lineette e pallini.
- I simboli base (come ㅎ, ㅏ, ㄴ) possono essere scritti da soli solamente per creare abbreviazioni, onomatopee o faccine. Grammaticalmente non hanno valore.
- Attraverso i simboli base possiamo comporre delle sillabe: ㅎ, ㅏ e ㄴ si uniscono a formare la sillaba 한.
- La posizione dei simboli base all'interno della sillaba non è mai casuale: prima di tutto troviamo sempre una consonante in alto a sinistra, questa è accompagnata sempre da una vocale (accanto o sotto a seconda della vocale stessa) e ulteriori consonanti poste sotto tutto il resto.
- Se abbiamo due consonanti finali in una sillaba è molto difficile che entrambe vengano lette; di solito viene letta la prima, mentre la seconda (se non riesce a unirsi alla sillaba successiva) rimane "muta".
- Le diverse sillabe si uniscono a creare parole e queste, separate da uno spazio come in italiano, arrivano a formale frasi.

1.3. Soluzioni

1) Risposta n.1

2)

A, 3 (ㅎ = H)

B, 1 (ㄴ = N)

C, 2 (ㅇ = ø non ha suono)

D, 2 (ㄷ = T)

3)

A, 3 (ㅗ viene scritto sotto come in 호)

B, 2 (ㅏ viene scritto a lato come in 하)

2. LE VOCALI DELL'ALFABETO COREANO

In coreano ci sono molte più vocali di quelle che ci aspetteremmo: solo quelle base sono ben otto! A parte -A, -i, -U, che sono molto simili a quelle che usiamo nell'italiano, il coreano è fornito di due -E e due -O.

Le due -E sono il fantasma di una differenziazione di suono, presente in passato ma non più ai giorni nostri.

Le due -O, invece, sono tutt'ora ritenute molto differenti e sono il gran problema degli stranieri che iniziano a studiare questa lingua. Non è facile emettere questi due fonemi in maniera distinta e per riconoscerli ad orecchio ci vuole molta pratica!

L'ottava vocale, invece, è tutta una sorpresa. È completamente assente nel nostro repertorio italiano e assomiglia molto al suono che emettiamo per esprimere disgusto (un misto tra -E e –U).

Tutte le vocali sono composte da una lineetta lunga e una o due lineette brevi. All'inizio potreste confonderle con molta facilità, ma con il tempo diventeranno inconfondibili!

La sillaba coreana deve contenere almeno una consonante seguita da vocale. Pertanto le vocali scritte di seguito sono tutte precedute dal pallino – ㅇ: la consonante priva di suono.

<table>
<tr><td>이</td><td>"i"</td><td>-i come in "isola"</td><td rowspan="2">아이 = "a-i" = bambino</td></tr>
<tr><td>아</td><td>"a"</td><td>-a come in "casa"</td></tr>
<tr><td>우</td><td>"u"</td><td>Simile alla –u in "buio"; provate a tendere di più le labbra in una specie di bacio</td><td>운 = "un" = fortuna</td></tr>
<tr><td>에</td><td>"ĕ" (E chiusa)</td><td rowspan="2">La differenza tra le 2 –e è come quella che abbiamo in italiano tra "pēsca" il frutto e "pĕsca" lo sport. I due suoni oggigiorno risultano uguali e vengono pronunciati come in italiano.</td><td>엔 = "ĕn" = yen (moneta giapponese)</td></tr>
<tr><td>애</td><td>"e" (E aperta)</td><td>애 = "ē" = bambino (pronuncia abbreviata di 아이, "a-i")</td></tr>
<tr><td>오</td><td>"ŏ" (O chiusa)</td><td>Chiudete le labbra a cerchio come per pronunciare una -U, ma spingete il suono verso il basso, cercando di emettere una -O.</td><td>오다 = "ŏ-da" = venire</td></tr>
<tr><td>어</td><td>"ō" (O aperta)</td><td>Simile alla nostra invocazione in caso di diverbio; la bocca deve essere bella aperta!</td><td>어디 = "ō-di" = dove</td></tr>
<tr><td>으</td><td>"ŭ"</td><td>Tirate i lati della bocca come se foste un po' disgustati; attenzione a non caratterizzare troppo il suono!</td><td>얼음 = "ō-rŭm" = ghiaccio</td></tr>
</table>

Ci sono tante altre vocali (in italiano definite dittongo/iato) che si formano attraverso l'unione delle vocali semplici appena studiate con –i.

야	이 + 아 "ya"	Come –ia in "fiaba"	약 = "yak" = medicina
유	이 + 우 "yu"	Come –iu in "fiume"	우유 = "u-yu" = latte
위	우 + 이 "ui"	Come –ui in "qui"	위 = "ui" = sopra
예	이 + 에 "yĕ"	Anche in questo caso non c'è differenza di suono, vengono solamente usate in casi diversi. Sono pronunciate come –ie in "siepe"	예 = "yĕ" = sì
얘	이 + 애 "yē"		얘기 = "yē-ghi" = discorso
요	이 + 오 "yŏ"	Simile a –io in "gioco" (attenzione a pronunciare la –o CHIUSA)	용 = "yŏng" = drago
외	오 + 이 = "UE" (come 왜 e 웨)	Come –ue in "quello"	외국 = "ue-guk" = paese straniero
여	이 + 어 "yō"	Simile a –io in "gioco" (attenzione a pronunciare la –o APERTA)	여기 = "yō-ghi" = qui
의	으 + 이 si legge: 으 + 이 "ŭ-i" a inizio parola; come 이 "i" in mezzo ad una parola; come 에 "ĕ" al termine di parola (con la funzione di genitivo/complemento di specificazione)	Non è simile ad alcun suono della lingua italiana, ma può sembrare il rumore emesso per disgusto stendendo la bocca ai lati.	의자 = "ŭi-ja" = sedia

Le vocali che compongono un dittongo non vengono mai scandite separatamente. Il suono **–io** (o in questo caso meglio trascritto con **-yo**), quindi, non deve essere pronunciato come il pronome personale 'io', ma come il dittongo in 'conigl<u>io</u>'.

Per finire abbiamo quattro suoni speciali:

와	오 + 아 = "UA"	come –ua in "acqua"	와인 = "ua-in" = vino (dall'inglese "wine")
왜	오 + 애 = "UĒ" (come 외 e 웨)	come –ue in "quello"	왜 = "uē" = perché?

워	우 + 어 "uō"	come –uo in "suocera"	원 = "uōn" = won (moneta coreana)
웨	우 + 에 "uĕ" (come 외 e 왜)	come –ue in "quello"	웨이터 = "uĕ-i-thō" = cameriere (dall'inglese "waiter")

Mettetevi ora alla prova!

2.1. Esercizi

1: Selezionate la giusta lettura di queste vocali semplici.
Esempio:

오:
1. Ŭ
2. U
3. Ŏ

-오 è il simbolo che corrisponde alla "O" chiusa, pertanto la risposta esatta è la 3.

A) 에:
1. Ō
2. Ĕ
3. Ē

B) 아:
1. Ē
2. A
3. Ō

C) 이:
1. A
2. Ŭ
3. I

D) 으:
1. U
2. Ŭ
3. Ŏ

E) 어:
1. A
2. Ĕ
3. Ō

F) 우:
1. U
2. Ŏ
3. Ŭ

G) 애:
1. Ē
2. I
3. Ĕ

2: Ora proviamo con un esercizio ancora più difficile! Passiamo alle vocali composte: individuate la pronuncia corretta.

Esempio:

유:
1. Yŏ
2. Iu
3. Ŭi

유 è il simbolo che unisce le vocali base 우 e 이. Il suono con cui viene letto è "iu", pertanto la risposta esatta è la 2.

A) 여:
1. Yō
2. Yē
3. Ue

B) 위:
1. Ui
2. Oi
3. Ŭi

C) 외:
1. Ue
2. Oi
3. Oe

D) 와:
1. Uō
2. Ua
3. Ŭi

E) 워:
1. Ua
2. Uĕ
3. Uō

F) 의:

1. Ui
2. Ŭi
3. Ue

G) 왜:
1. Ue
2. Oe
3. Uē

H) 요:
1. Yŏ
2. Iu
3. Ŭi

I) 얘:
1. Ia
2. Yē
3. Yō

L) 웨:
1. Ui
2. Uō
3. Uĕ

M) 야:
1. Yĕ
2. Yō
3. Ia

N) 예:
1. Yō
2. Ia
3. Yĕ

3: Trovate la pronuncia giusta per queste parole.
Esempio:
운 = fortuna
1. Un
2. Ŏn
3. Ŭn

"ㅇ" è il pallino posto prima delle vocali, "ㅜ" è la vocale "U" (우 = U) e "ㄴ" è la consonante "N". Pertanto "운" viene letto "UN" e la risposta esatta è la 1.

A) 아이 = bambino
1. A-i

2. Ō-i
3. Ĕ-i

B) 원 = won (moneta sud-coreana)
1. Ŭōn
2. Uŏn
3. Uōn

C) 우유 = latte
1. Ŭ-iŭ
2. U-iu
3. Iu-u

2.2. I segreti svelati in questo capitolo

- In coreano esistono moltissime vocali, ma sono tutte dei composti formate con le otto vocali base: -A, -i, -U, due -E e due -O.

- Le due –E vengono lette uguali, ma sono scritte in maniera diversa:
  ㅔ = ĕ (-e chiusa)
  ㅐ = ē (-e aperta)

- Le due –O, invece, sono molto diverse una dall'altra:
  ㅗ = ŏ (-o chiusa)
  ㅓ = ō (-o aperta)
  Per leggerle esagerate il movimento della bocca!

- -Ŭ è il suono più difficile per noi! Provate a forzare i lati della bocca come in un sorriso finto. Il suono è molto indefinito, simile ad un'espressione di disgusto.

- Le vocali sono sempre di seguito ad una consonante. Se volete il suono singolo della vocale, dovete per forza abbinarlo al "pallino muto": -ㅇ. Esempio: 아, 에, 어.

- Dovete fare particolarmente attenzione al dittongo 의, unione tra ㅡ e ㅣ. Questa vocale ha tre letture differenti, a seconda di che valore e posizione ha all'interno della parola! Si legge: "ŭ-i" a inizio parola; 이 "i" in mezzo ad una parola; 에 "ĕ" al termine di parola (con la funzione di genitivo/complemento di specificazione).

- Le vocali che compongono un dittongo non vengono mai scandite separatamente. Sono suoni legati uno all'altro, da pronunciare quindi insieme.

2.3. Soluzioni

1)

A, 2 (에 = Ĕ)

B, 2 (아 = A)

C, 3 (이 = I)

D, 2 (으 = Ŭ)

E, 3 (어 = Ō)

F, 1 (우 = U)

G, 1 (애 = Ē)

2)

A, 1 (여 = YŌ)

B, 1 (위 = UI)

C, 1 (외 = UE)

D, 2 (와 = UA)

E, 3 (워 = UŌ)

F, 2 (의 = ŬI)

G, 3 (왜 = UĒ)

H, 1 (요 = YŎ)

I, 2 (얘 = YĒ)

L, 3 (웨 = UĔ)

M, 3 (야 = YA)

N, 3 (예 = YĔ)

3)

A, 1 (아이 = a-i)

B, 3 (원 = uōn)

C, 2 (우유 = u-iu)

3. LE CONSONANTI DELL'ALFABETO COREANO

Le consonanti sono un po' più complesse rispetto alle vocali, ma niente paura! Dopo un accenno a tutte, vedremo passo per passo come leggere una parola.

Iniziamo ora con l'infarinatura...
Ci sono tre tipi diversi di consonanti: **semplici, doppie e aspirate**.
Partiamo dalle **consonanti semplici**.

Ci sono due letture differenti a seconda della posizione del carattere all'interno di una parola.
Il primo suono indicato è quello a inizio di parola, il secondo è quello in posizione intermedia.

CARATTERE COREANO	**LETTURA (POSIZIONE INIZIALE/ POSIZIONE INTERMEDIA)**	**ESEMPI IN ITALIANO**	**ESEMPI IN COREANO**
ㄱ	K/G	K come la –C in "casa"; G come la –G in "gatto"	고구마 = "Kŏ-Gu-ma" = patata dolce
ㄴ	N	N come la –N in "notte"	나 = "Na" = io (informale)
ㄷ	T/D	T come la –T in "tutto"; D come la –D in "dito"	대답 = "Tē-Dap" = risposta
ㄹ	R	Questo suono è un misto tra –R e –L (provate a pronunciare lievemente il suono –R lasciandolo un po' vago).	라면 = "Ra-myōn" = spaghettini (noodles) coreani
ㅁ	M	M come la –M in "madre"	마음 = "Ma-ŭm" = mente
ㅂ	P/B	P come la –P in "pioggia"; B come la –B in "bianco"	바보 = "Pa-Bŏ" = stupido
ㅅ	S	S come la –S in "sogno"; quando è seguita dalla vocale "i" il suono diventa "shi", come gli "sci" da neve.	사 = "Sa" = quattro; 십 = "SHIp" = dieci
ㅇ	Ø (nessun suono) ; -NG se in terza posizione come in 용 "yŏng" = dra-		아이 = "a-i" = bambino (i suoni pronunciati sono le vocali che se-

	gone (vedremo successivamente come pronunciarlo)		guono il simbolo – ㅇ)
ㅈ	CI/J	CI è simile alla –C in "ciao"; J è simile alla –G in "giallo"	자주 = "CIa-Ju" = spesso
ㅎ	H	Il suono –H è aspirato come nell'inglese "hotel"	하나 = "hana" = uno

Attenzione all'aspirazione dell' –H... si fa sentire!

Si dice che per testare la propria pronuncia basti mettere un pezzettino di carta davanti alla bocca: nel pronunciare un suono aspirato il foglio di carta deve muoversi.

Lo stesso esercizio può essere fatto con uno specchietto: questo si deve appannare con la condensa del respiro.

La seconda tipologia è quella delle **consonanti doppie**: alcuni suoni già visti vengono pronunciati con più forza e sembrano quasi esplodere dopo essere rimasti bloccati in gola.

Questi suoni sono un po' difficili da emettere per noi italiani e prevedono molta pratica, soprattutto se trovati a inizio parola.

ㄲ	da - ㄱ	"KK"	Simile a –CC in "paCCo"	꿀 = "kkul" = miele
ㄸ	da - ㄷ	"TT"	Simile a –TT in "maTTo"	딸 = "ttal" = figlia
ㅃ	da - ㅂ	"PP"	Simile a –PP in "taPPa"	빵 = "ppang" = pane
ㅆ	da - ㅅ	"SS"	Simile a –SS in "maSSo"	씨 = "sshi" = seme
ㅉ	da - ㅈ	"CCI"	Simile a –CCI in "faCCIo"	쪽 = "cciŏk" = pagina

Ora passiamo all'ultimo gruppo: le **consonanti aspirate**.

Sono suoni che derivano dall'unione tra simboli consonantici già studiati e l'aspirazione di –H.

Per una buona pronuncia emettete il suono consonantico forzando l'aria fuori dalla bocca!

ㅋ	ㄱ + ㅎ	KH	코 = "KHŏ" = naso
ㅌ	ㄷ + ㅎ	TH	팀 = "THim" (da "team" in inglese) = squadra
ㅍ	ㅂ + ㅎ	PH	표 = "PHyŏ" = biglietto
ㅊ	ㅈ + ㅎ	HCI	차 = "HCIa" = tè

Le consonanti scritte "sotto" o in terza posizione come – ㅁ in 텀 sono spesso lette in base a ciò che segue.

Mettiamo ad esempio di avere una parola composta da due sillabe.

La prima presenta una consonante finale in terza posizione, mentre la seconda sillaba ha come consonante in prima posizione il pallino senza suono.

In questo caso, essendo il pallino "debole", la consonante in terza posizione prevale e nella pronuncia prende il posto del pallino.

Vediamo ora il tutto con un esempio pratico.

Prendiamo la parola 단어 ("tan-ō" = parola): è formata da due sillabe, 단 (tan) e 어 (ō).

Vediamo prima di tutto la prima sillaba 단: è formata da ㄷ, ㅏ, ㄴ.

ㄷ ("t") è la consonante in prima posizione; ㅏ ("a") è la vocale; ㄴ("n") è la consonante in terza posizione (perché collocata sotto gli altri suoni).

Vediamo ora la seconda sillaba 어: abbiamo la consonante muta - ㅇ e la vocale ㅓ ("ō", la –O aperta).

Le due sillabe non vanno pronunciate separatamente; i suoni si fondono assieme.

La consonante ㄴ ("n"), che indica il termine della prima sillaba, viene così a collegarsi automaticamente alla vocale successiva ㅓ ("ō").

Pertanto la lettura della parola 단어 potrebbe essere anche erroneamente scritta come ~~다너~~.

Lo stesso vale per la parola:

언어: (ㅇ, ㅓ, ㄴ) + (ㅇ, ㅓ)

"ōn-ō" = lingua, come l'italiano/coreano (pronunciato come lo spelling errato ~~어너~~.

Questo è quello che succede quando due sillabe si uniscono attraverso il pallino "debole".

Ma cosa accade quando abbiamo due suoni consonantici, uno alla fine della prima sillaba e l'altro all'inizio della seconda?

In questo caso la consonante in terza posizione viene pronunciata in maniera chiara, senza cambiamenti, mentre la consonante in prima posizione viene letta normalmente, o spesso raddoppiata, diventando così consonante doppia (si tratta di una sfumatura del parlato e pertanto non ne terremo conto nella scrittura delle pronunce in questo libro).

Come abbiamo già visto nel capitolo 1, se abbiamo due consonanti a fine sillaba e una consonante in prima posizione a seguire la seconda consonante della coppia svanisce (vengono pronunciate solo la prima e la terza). Ci sono solo due casi in cui è la seconda consonante della coppia ad essere letta, mentre la prima svanisce: **20** e **27**.
Questo trucco vi permetterà di ricordare la regola con più facilità!

Quando trovate le consonanti –ㄻ (-L e –M, con le sembianze di "20") o ㄺ (-L e –K, con le sembianze di "27") ricordatevi che la regola di lettura si inverte ed è la seconda consonante del gruppo ad essere quella più forte e che si farà sentire.

Finora abbiamo studiato tutte le diverse consonanti presenti in coreano e abbiamo accennato qualche regola di pronuncia. Abbiamo capito, così, che **i simboli non vengono pronunciati sempre nella stessa maniera: dipende da dove sono collocati!**

Per il momento abbiamo visto la pronuncia a inizio parola e quella in posizione intermedia. Ci manca da vedere come si comportano le consonanti a fine parola.

Vedremo nella teoria tutti i casi e poi passeremo agli esercizi passo-per-passo.

Prima di tutto i suoni nasali ㅁ "M" e ㄴ "N" sono nostri alleati… non cambiano mai!

Le altre consonanti, invece, non sono così simpatiche.

ㄱ, ㄲ, ㅋ: si leggono come una –K incastrata in gola. Il suono è accennato ma non fuoriesce.

Provate a pronunciare "acca", il suono che dovete cercare è proprio quello tra le due -C. La consonante deve rimanervi incastrata in gola come se dopo la prima sillaba rischiaste di soffocare e non riusciste a pronunciarne la fine.

ㄷ, ㄸ, ㅌ, ㅅ, ㅆ, ㅈ, ㅉ, ㅊ, ㅎ: si leggono come una –T incastrata tra lingua e denti.

Come già descritto per il caso precedente dovete solo accennarne il suono. Provate a fermarvi di colpo alla prima –T pronunciando "atto".

ㅂ, ㅃ, ㅍ: si leggono come una –P incastrata tra le labbra.
Provate a fermarvi alla prima –P di "tappo".

ㄹ: la -R si trasforma in -L.

ㅇ: diventa un suono gutturale trascritto come –NG.

Provate ad aprire la bocca, chiudendo però la gola come se doveste fare dei gargarismi. Provate quindi ad emettere un suono qualsiasi. Vi verrà fuori una specie di lamento. Non dovete muovere la lingua, il suono proverrà direttamente dalle profondità della vostra gola.

Ecco qui una **tabellina riassuntiva** con tutto quello che abbiamo visto fin'ora sulle consonanti.

La useremo per orientarci andando a leggere le nostre prime parole.

CONSONANTE	**SUONO A INIZIO SILLABA**	**SUONO CENTRALE**	**SUONO A FINE SILLABA**
ㄱ	K	G	K sorda
ㄴ	N	N	N
ㄷ	T	D	T sorda
ㄹ	R	R	L
ㅁ	M	M	M
ㅂ	P	B	P sorda
ㅅ	S	S	T sorda
ㅇ	Ø (nessun suono)	Ø (nessun suono)	NG
ㅈ	CI	J	T sorda
ㅎ	H	H	T sorda
ㄲ	KK	KK	K sorda
ㄸ	TT	TT	T sorda
ㅃ	PP	PP	P sorda
ㅆ	SS	SS	T sorda
ㅉ	CCI	CCI	T sorda
ㅋ	KH	KH	K sorda
ㅌ	TH	TH	T sorda
ㅍ	PH	PH	P sorda
ㅊ	HCI	HCI	T sorda

Vediamo ora con un po' di pratica come andare a leggere le parole.

La prima che andremo a studiare passo per passo è 책.

책 è composta da tre simboli: ㅊ, ㅐ, ㄱ.

Se non vi ricordate ancora tutti i simboli è normale!
Ogni volta che non siete sicuri consultate la tabella.
Questo vi aiuterà anche a distinguere i simboli più facilmente.

Provate ora a cercare ㅊ, ㅐ e ㄱ nella tabella.

Per praticità vi riporto lo spezzato che ci interessa qui di seguito:

CONSONANTE	SUONO A INIZIO SILLABA	SUONO CENTRALE	SUONO A FINE SILLABA
ㅊ	HCI	HCI	T sorda

In questo caso il simbolo è a inizio parola quindi deve essere pronunciato come HCI. Attenzione! Ricordate che il suono assomiglia a "ci" in ciao: La "i" non si fa sentire molto. Ricordatevi di rendere il suono aspirato... spingete bene l'aria fuori dalla bocca!

Il secondo simbolo è una vocale: ㅐ

Anche in questo caso se non vi ricordate provate a cercarlo tra tutte le vocali!

Nella tabella la vocale è stata indicata assieme al pallino – ㅇ, privo di suono.

In presenza di qualsiasi altra consonante il pallino non viene più indicato e lascia il posto all'altro suono consonantico.

Ad esempio: il suono singolo della "Ē" è rappresentato da " ㅐ ", ma non può essere scritto da solo, deve essere per forza accompagnato da una consonante.

Quindi il suono "NĒ" verrà scritto come "내", mentre la sola "Ē" verrà trascritta con il pallino muto, formando "애".

Quindi nella tabella cercate il simbolo -애.

애	"ē" (E aperta)

Ora ci manca solo da vedere l'ultima consonante: ㄱ

CONSONANTE	SUONO A INIZIO SILLABA	SUONO CENTRALE	SUONO A FINE SILLABA
ㄱ	K	G	K sorda

La posizione di ㄱ in 책 è sotto e quindi alla fine.

Consultando la tabella potete vedere come in questo caso sia una –K, ma resa sorda chiudendo la base della gola (ricordatevi l'esercizio che abbiamo fatto con la parola "acca").

Abbiamo quindi i seguenti suoni: hci, ē, k (sorda). 책 = "hciēk".

Il significato è "libro".

Proviamo ora con una seconda parola: 끝.

끝 è formato da ㄲ, ㅡ, ㅌ.

CONSONANTE	SUONO A INIZIO SILLABA	SUONO CENTRALE	SUONO A FINE SILLABA
ㄲ	KK	KK	K sorda

Essendo il suono di partenza la sua pronuncia sarà –KK.

La vocale ㅡ (indicata in tabella come 으) è quella vocale che in italiano non esiste e viene trascritta con -Ŭ.

으	"ŭ"	*Tirate i lati della bocca come se foste un po' disgustati; attenzione a non caratterizzare troppo il suono!*

Tirate le labbra come in un'imitazione del simbolo stesso.

CONSONANTE	SUONO A INIZIO SILLABA	SUONO CENTRALE	SUONO A FINE SILLABA
ㅌ	TH	TH	T sorda

ㅌ in 끝 ha posizione finale e pertanto sarà una T sorda.

kk, ŭ, t (sorda) = "kkŭt".
In coreano ha il significato di "fine".

La prossima parola che andremo a vedere è 년: ㄴ, ㅕ e di nuovo ㄴ.

ㄴ è presente sia in prima che in terza posizione e come scritto in tabella viene pronunciata sempre nella stessa maniera: "N".

CONSONANTE	SUONO A INIZIO SILLABA	SUONO CENTRALE	SUONO A FINE SILLABA
ㄴ	N	N	N

Per quanto riguarda la vocale, invece, siamo davanti al dittongo i + ō (la "o" aperta); ㅕ (in tabella indicato come 여) verrà quindi letta "yō".

어	"ō" (O aperta)	*Simile alla nostra invocazione in caso di diverbio; la bocca deve essere bella aperta!*

La parola completa è dunque "nyōn" e vuol dire "anno".

Proviamo ora a vedere qualche parola più lunga, come: 사과

In questo caso abbiamo una parola formata da sue sillabe: 사 e 과.
Andiamo a studiare nel particolare la prima delle due:
In 사 abbiamo i suoni ㅅ e ㅏ.

CONSONANTE	SUONO A INIZIO SILLABA	SUONO CENTRALE	SUONO A FINE SILLABA
ㅅ	S	S	T sorda

ㅅ corrisponde a "s", mentre ㅏ (아) alla vocale "a".

Quindi 사 = "sa".

Studiamo ora nel particolare la sillaba 과.

In 과 troviamo tre suoni differenti: ㄱ, ㅗ e ㅏ.

Come prima cosa abbiamo la consonate ㄱ, che in questo caso si trova nel mezzo di una parola.

CONSONANTE	SUONO A INIZIO SILLABA	SUONO CENTRALE	SUONO A FINE SILLABA
ㄱ	K	G	K sorda

ㄱ corrisponderà così a "g".

Per quanto riguarda il resto siamo davanti a due vocali: ㅗ e ㅏ che si uniscono assieme in ㅘ (와).

La prima è la "o" breve, mentre la seconda sempre la "a", come visto prima.
Insieme quindi formano il dittongo "ua".

Vedendo il tutto insieme la parola 사과 verrà pronunciata come "*sagua*".
In italiano può essere la "mela", oppure le "scuse" dopo un disaccordo.

Tentiamo ora con un maggior numero di suoni: 질문.

Dividiamo sempre la parola per sillabe, affrontando il tutto poco alla volta.
Avremo quindi prima 질: ㅈ, ㅣ, ㄹ.

Il suono di partenza è sempre una consonante.

CONSONANTE	SUONO A INIZIO SILLABA	SUONO CENTRALE	SUONO A FINE SILLABA
ㅈ	CI	J	T sorda

ㅈ = ci (come in "ciao")

Poi al suo fianco abbiamo la vocale ㅣ, facile da ricordare perché come in italiano!

ㅣ (이) = i

Passiamo ora alla terza componente: ㄹ.

CONSONANTE	SUONO A INIZIO SILLABA	SUONO CENTRALE	SUONO A FINE SILLABA
ㄹ	R	R	L

Essendo al termine di sillaba questa volta verrà letta "L".

질 = cil

Passiamo ora a 문: ㅁ, ㅜ e ㄴ.

La prima come in tutti i casi è sempre una consonante.

CONSONANTE	SUONO A INIZIO SILLABA	SUONO CENTRALE	SUONO A FINE SILLABA
ㅁ	M	M	M

Senza esitazioni quindi andremo a pronunciarla come "m".

La vocale ㅜ (우) invece è la nostra "u".

Infine avremo la consonante finale ㄴ.

CONSONANTE	SUONO A INIZIO SILLABA	SUONO CENTRALE	SUONO A FINE SILLABA
ㄴ	N	N	N

Anche in questo caso andremo convinti con "n".

문 = "mun"

Nell'insieme avremo 질문 = cil-mun.

In italiano질문 è la "domanda".

Vediamo ora una parola di tre sillabe: 컴퓨터.

컴: ㅋ, ㅓ, ㅁ
퓨: ㅍ, ㅠ
터: ㅌ, ㅓ

Iniziamo con 컴.

La prima consonante è ㅋ = "k" aspirata.

CONSONANTE	SUONO A INIZIO SILLABA	SUONO CENTRALE	SUONO A FINE SILLABA
ㅋ	KH	KH	K sorda

ㅓ, in tabella scritta come 어, è la O aperta "ō".

Infine abbiamo ㅁ = "m".

La prima sillaba 컴 viene quindi letta "khōm".
Proseguendo con la seconda e la terza sillaba...

ㅍ = "p" aspirata

CONSONANTE	SUONO A INIZIO SILLABA	SUONO CENTRALE	SUONO A FINE SILLABA
ㅍ	PH	PH	P sorda

ㅠ (유) = "yu"

ㅌ = "t" aspirata

CONSONANTE	SUONO A INIZIO SILLABA	SUONO CENTRALE	SUONO A FINE SILLABA
ㅌ	TH	TH	T sorda

ㅓ (어) = O aperta "ō"

컴퓨터 è quindi "*khōm-phyu-thō*" dall'inglese "computer".

3.1. Esercizi

1: Provate da soli a leggere le seguenti parole e selezionate la giusta pronuncia.
Esempio:

옷 = indumento

1. Ŏs
2. Ŏt
3. Ŏk

"ㅇ" è il pallino che precede le vocali, "ㅗ" è la "O" chiusa (오 = ŏ) e "ㅅ" in terza posizione viene letta come una "T" sorda. Pertanto "옷" viene letto "ŎT" e la risposta esatta è la 2.

A) 꽃 = fiore:

1. Kkŏt
2. Khŏt
3. Kkŏc

B) 밥 = riso/pasto:

1. Pap
2. Pab
3. Bap

C) 말 = cavallo:

1. Mas
2. Mar
3. Mal

D) 왕 = re:

1. Ua
2. Uang
3. Uag

2: Provate ora con queste parole più lunghe.

A) 사랑 = amore:

1. Sa-llang
2. Sa-lang
3. Sa-rang

B) 대답 = risposta:

1. Tē-tab
2. Tē-dab
3. Tē-dap

C. 하얀색 = colore bianco:

1. Ha-ian-sen
2. Ha-ian-set
3. Ha-ian-sēk

3: Tra le parole appena viste negli esercizi ne ho scelte due; provate a ricordarle e ad indovinarne lo giusto spelling!

A) Riso/pasto:

1. 법

2. 밥

3. 벱

B) Amore:

1. 사랑

2. 사람

3. 사란

3.2. I segreti svelati in questo capitolo

- Esistono tre tipi di consonanti: semplici, doppie e aspirate.

- Quasi tutti i caratteri consonantici hanno due modi differenti di essere letti, a seconda di dove si trovi il carattere all'interno della parola. I due suoni non sono mai troppo differenti uno dall'altro: vengono pronunciati sempre con la stessa posizione della lingua, cambia solo la "profondità" con cui vengono emessi.

- I suoni aspirati non sono deboli come in italiano; allenatevi con un pezzettino di carta o uno specchio!

- Le consonanti scritte in terza posizione vengono lette in base a ciò che segue: se la sillaba successiva ha come consonante in prima posizione il pallino muto, la consonate della prima sillaba si impone nella seconda, ponendosi al posto del pallino.

- Se abbiamo una sillaba che termina con due suoni consonantici sappiamo che dobbiamo leggere solo il primo carattere, mentre il secondo viene perso. Ci sono solamente due situazioni in cui è la seconda consonante ad essere letta: ㄻ (20) e ㄺ (27).

- In posizione finale le consonanti cambiano suono. I suoni nasali -ㅁ "M" e -ㄴ "N" rimangono invariati; il pallino –ㅇ diventa "NG"; ㄹ si trasforma in –L; ㄱ, ㄲ, ㅋ sono una –K incastrata in gola; ㄷ, ㄸ, ㅌ, ㅅ, ㅆ, ㅈ, ㅉ, ㅊ e ㅎ prendono tutte la stessa pronuncia, una –T incastrata tra lingua e denti; infine ㅂ, ㅃ, ㅍ si leggono come una –P incastrata tra le labbra.

3.3. Soluzioni

1)
A, 1
꽃 = ㄲ, ㅗ, ㅊ
"kkŏt" = fiore

B, 1
밥 = ㅂ, ㅏ, ㅂ
"pap" = riso/pasto

C, 3
말 = ㅁ, ㅏ, ㄹ
"mal" = cavallo

D, 2
왕 = ㅇ, ㅘ (ㅗ + ㅏ), ㅇ
"uang" = re

2)
A, 3
사랑: 사 (ㅅ, ㅏ), 랑 (ㄹ, ㅏ, ㅇ)
"sa-rang" = amore

B, 3
대답: 대 (ㄷ, ㅐ), 답 (ㄷ, ㅏ, ㅂ)
"tē-dap" = risposta

C, 3
하얀색: 하 (ㅎ, ㅏ), 얀 (ㅇ, ㅑ, ㄴ), 색 (ㅅ, ㅐ, ㄱ)
"ha-ian-sēk" = colore bianco

3)
A, 2 밥
B, 1 사랑

4. "OGGI COREANO IL IMPARIAMO!" – COSA SONO LE POSPOSIZIONI

In coreano la struttura della frase è: S-C-V
Soggetto – Complemento – Verbo

Le diverse parti del discorso vengono riconosciute attraverso "particelle" o **posposizioni.**

L'italiano ha **preposizioni**; vengono dette così perché compaiono prima della parola interessata: per esempio si dice "**di** Mario" e non "Mario di"; allo stesso modo "**con** Carla", "**per** la mia amica", "**da** Milano".

Di conseguenza quelle in coreano sono chiamate posposizioni perché compaiono dopo il nome. Quindi in coreano avremo "Carla **con**", "la mia amica **per**", "Milano **da**".

Sembra un po' strano ma studieremo una particella alla volta e con il tempo diventeranno facili da usare.

Riprendiamo in considerazione la frase vista nel primissimo capitolo:

한글을배우기는힘들지않다.

Pur non conoscendo la grammatica della frase per il momento siamo in grado di riconoscere i simboli e leggerli. Provate da soli e poi proseguite con la lettura.

한글을:

한 = ㅎ, ㅏ, ㄴ = han

글 = ㄱ, ㅡ, ㄹ = gŭl

을 = ㅇ, ㅡ, ㄹ = ŭl

Vi ricordate le parole **단어** "tan-ō" (parola) e **언어** "ōn-ō" (lingua)? In questi due casi la consonante in posizione finale nella prima sillaba ("ㄴ" sia in **단어** che in **언어**) si impone sulla sillaba successiva, a causa della presenza del pallino "debole" privo di suono.

Lo stesso succede con la nuova parola "**한글을**": "ㄹ" nella seconda sillaba va quindi ad occupare il posto del pallino nella terza sillaba. La pronuncia non sarà quindi "han-gŭl-ŭl", ma "han-gŭ-rŭl". Questo perché il simbolo ㄹ è "L" in posizione finale, ma corrisponde a "r" in prima posizione (come secondo tabella).

CONSONANTE	SUONO A INIZIO SILLABA	SUONO CENTRALE	SUONO A FINE SILLABA
ㄹ	R	R	L

배우기는:

배 = ㅂ, ㅐ = pē

우 = ㅇ, ㅜ = u

기 = ㄱ, ㅣ = ghi

는 = ㄴ, ㅡ, ㄴ = nŭn

"pē-u-ghi-nŭn"

힘들지:

힘 = ㅎ, ㅣ, ㅁ = him

들 = ㄷ, ㅡ, ㄹ = dŭl

지 = ㅈ, ㅣ = ji

"him-dŭl-ji"

않다:

않 = ㅇ, ㅏ, ㄴ, ㅎ = anh

다 = ㄷ, ㅏ = ta

"an-tha"

한글을배우기는힘들지않다.

"han-gŭ-rŭl pē-u-ghi-nŭn him-dŭl-ji an-tha"

"Imparare la scrittura coreana è non difficile"

Ora che abbiamo letto l'intera frase non siamo ancora in grado di riconoscere tutte le parti del discorso, ma possiamo fare una veloce analisi logica.

Andiamo a sottolineare le particelle che indicano i complementi.

한글을배우기는힘들지않다.

Con questo potremo trovare il soggetto, il verbo e il corpo centrale con tutte le altre informazioni.

Faremo ora un'analisi della frase per capirla meglio; vedremo soggetto, verbo e complementi vari nello specifico più avanti.

한글을 (han-gŭ-rŭl):

한글 ("han-gŭl") = la scrittura coreana

을 ("ŭl") indica un complemento oggetto

Come vedremo meglio successivamente le posposizioni presentano due versioni, a seconda del suono che le precede.

Dato che le posposizioni sono poste successivamente alla parola a cui si riferiscono, dobbiamo osservare il suono finale di tale parola.

Il **complemento oggetto** può essere **을** o **를**:

을 dopo consonante

를 dopo vocale

Nella frase che stiamo considerando abbiamo **한글을** (han-gŭ-rŭl) dato che la parola **한글** termina con **ㄹ**, una consonante.

Altri esempi con –**을** ("ŭl"):

질문을 ("cil-mu-nŭl") = la "domanda"

대답을 ("tē-da-pŭl") = la "risposta"

사랑을 ("sa-rang-ŭl") = l'"amore"

Vediamo ora anche qualche esempio con –**를** ("rŭl"):

아이를 ("a-i-rŭl") = il "bambino"

표를 ("phyō-rŭl") = il "biglietto"

차를 ("hcia-rŭl") = il "the"

A fine capitolo potrete trovare un esercizio per testarvi sul complemento oggetto!

Ma torniamo ora alla frase

"한글을배우기는힘들지않다".

"la scrittura coreana" ha quindi valenza di complemento oggetto all'interno della frase; dobbiamo ora andare in cerca del verbo a cui è riferito.

배우기는 ("pē-u-ghi-nŭn").

배우 ("pē-u") è la radice del verbo **배우다** ("pē-u-da"), che vuol dire "imparare". Vedremo successivamente il comportamento dei verbi e la loro coniugazione.

기 ("ki" che nel mezzo della parola diventa "ghi") è la **nominalizzazione** di un verbo, ovvero serve a rendere nome un predicato.

배우기 quindi significa "L'imparare".

는 indica il tema (che spesso coincide con il soggetto) di una frase.

In 한글을배우기는:

배우다 è il verbo e **한글** il complemento oggetto = imparare la scrittura coreana

Con **기** il tutto diventa "l'imparare la scrittura coreana".

는, invece, rende tutto ciò che c'è prima di sé tema del discorso, pertanto "imparare la scrittura coreana" è il soggetto dell'intera frase e ha bisogno di un predicato.

힘들지않다 (continuazione della frase) è il verbo che stavamo cercando.
È un pochino lungo perché si tratta di una negazione.

힘들 ("him-dŭl") è la radice del verbo **힘들다** ("him-dŭl-da") = essere difficile

-**지않다** ("-ji an-tha") è la negazione di un verbo.
Insieme quindi diventano "non è difficile"

한글을배우기는힘들지않다.
= "Imparare la scrittura coreana non è difficile."

4.1. Esercizi

1: Provate ad applicare il complemento oggetto giusto alle seguenti parole.
Esempio:

휴가 = vacanza:

1. 휴가을
2. 휴가를

La risposta esatta è la 2: 휴가를.

A) 가게 = negozio:

1. 가게을
2. 가게를

B) 공원 = parco:

1. 공원을
2. 공원를

C) 주말 = finesettimana:

1. 주말을
2. 주말를

D) 카페 = bar:

1. 카페을
2. 카페를

E) 학교 = scuola:

1. 학교을
2. 학교를

F) 회사 = azienda:

1. 회사을
2. 회사를

G) 사진 = foto:

1. 사진을
2. 사진를

H) 텔레비전 = televisione:

1. 텔레비전을
2. 텔레비전를

I) 저녁 = cena/sera:

1. 저녁을
2. 저녁를

4.2. I segreti svelati in questo capitolo

- In coreano la struttura della frase è "Soggetto-Complemento-Verbo".
- Le diverse parti del discorso vengono riconosciute attraverso posposizioni.
- Sono proprio le posposizioni che ci rivelano la funzione di ogni parola all'interno della frase. Se partiamo con la nostra analisi dal verbo sarà molto più semplice andare a ritroso e capire il significato di tutta la frase.
- Le posposizioni hanno spesso due versioni, usate a seconda del suono che le precede (consonantico o vocalico).
- Il complemento oggetto viene espresso attraverso –을 (dopo consonante) o –를 (dopo vocale).
- La particella -기 rende nome un qualsiasi verbo.

4.3. Soluzioni

1)
A, 2
가게를 ("ka-ghĕ-rŭl")
= il "negozio"

B, 1
공원을 ("kŏng-uō-nŭl")
= il "parco"

C, 1
주말을 ("ciu-ma-rŭl")
= il "finesettimana"

D, 2
카페를 ("kha-phĕ-rŭl")
= il "bar"

E, 2
학교를 ("hak-kyŏ-rŭl")
= la "scuola"

F, 2
회사를 ("hue-sa-rŭl")
= l'"azienda"

G, 1
사진을 ("sa-ji-nŭl")
= la "foto"
H, 1
텔레비전을 ("thĕl-lĕ-bi-jō-nŭl")
= la "televisione"

I, 1
저녁을 ("ciō-nyō-kŭl")
= la "cena"/ "sera"

5. CIAO? SÌ, CIAO – COME SALUTARE IN COREANO

Ciao?
Sì, ciao.

안녕하세요? (An-nyōng-ha-sĕ-yŏ?)

네, 안녕하세요. (Nĕ, An-nyōng-ha-sĕ-yŏ.)

Questo è l'inizio tipico di una conversazione.
Ebbene sì, può sembrare un tantino strano ma la risposta al ciao coreano è un sì.
Però sotto un perché c'è.

La vera traduzione di **안녕하세요** (An-nyōng-ha-sĕ-yŏ) è "essere in pace".

Nella conversazione "**안녕하세요**?" (An-nyōng-ha-sĕ-yŏ?) è una domanda e corrisponde a "È in pace?". Può essere considerata similmente al nostro "Come stai?" o "Tutto bene?".

La risposta affermativa ha quindi molto più senso sotto questo punto di vista.

"Tutto bene?" "Sì, tutto bene."

Analizzando la frase prima di tutto abbiamo 네 ("nĕ"), che è semplicemente il "sì" in coreano. Il precedentemente visto 예 "yĕ" e 네 "nĕ" sono uguali; 네 "nĕ", però, viene usato molto di più rispetto all'altro. 예 "yĕ" e 네 "nĕ" sono formali, mentre parlando con amici di solito si usa 응 (ŭng): un suono gutturale emesso senza aprire la bocca, proprio come in italiano. Spesso, sempre in versione informale, i coreani usano un suono più simile a 어 ("ō"), che però non viene mai scritto.

Dopodiché passiamo a **안녕하세요** (An-nyōng-ha-sĕ-yŏ).

Diversamente dal nostro buongiorno o buonasera, **안녕하세요** (An-nyōng-ha-sĕ-yŏ) è universale: si può usare in qualsiasi momento della giornata, indifferentemente dall'orario. Oltretutto **안녕하세요** (An-nyōng-ha-sĕ-yŏ) viene usato come forma standard: ci sono tanti livelli di formalità in coreano, ma **안녕하세요** (An-nyōng-ha-sĕ-yŏ) si adatta a tutte le situazioni.

Scoprirete, però, che per i coreani è più comodo parlare in maniera informale. Nei libri di testo spiegano che tale forma viene usata solo con amici o conoscenti stretti, mentre sono molti i coreani che dal primo incontro vi chiederanno di parlare più "comodamente". Per loro è un peso dover usare sempre tanta formalità, quindi poter usare un linguaggio informale li fa sentire a proprio agio, li rende più liberi di parlare ed è così più facile entrare in sintonia e conoscersi.

Ovviamente ciò non comprende l'ambito lavorativo, che ne è ancora esterno: in Corea a lavoro la formalità e la gentilezza sono simboli di competenza.

L'informale in coreano elimina tutto ciò che è superfluo e rende parole e forme grammaticali più concise. Anche in questo caso l'informale del saluto **안녕하세요** (An-nyōng-ha-sĕ-yŏ) è l'abbreviazione **안녕** (An-nyōng).

Quindi avremo:
안녕. (An-nyōng)
응, 안녕. (Ŭng, An-nyōng)

Con il suono 응 (Ŭng) che va a sostituire 네 ("nĕ") come risposta affermativa.

Dalla parola **안녕** (An-nyōng) derivano altre due tipologie di saluto formale usate al momento del congedo.

I coreani sono molto precisi su chi rimane e chi se ne va, tanto da utilizzare due saluti differenti:

안녕히가세요 (An-nyōng-hi ka-sĕ-yŏ)
안녕히계세요 (An-nyōng-hi kyĕ-sĕ-yŏ)

안녕히 (An-nyōng-hi) sta per "in pace" ed è invariato, ciò che cambia è solo il verbo che segue.

Nel primo caso abbiamo la coniugazione formale del verbo **가다** (Ka-da = andare), pertanto la traduzione più giusta sarebbe un quasi religioso "Vada in pace".

안녕히가세요 (An-nyōng-hi ka-sĕ-yŏ) viene quindi usato da colui che rimane nei confronti di chi se ne va.

Nel secondo caso abbiamo il verbo **계시다** (Kyĕ-shi-da), trasformazione formale del verbo "stare" **있다** ("It-ta" = avere/stare), pertanto **안녕히계세요** (An-nyōng-hi kyĕ-sĕ-yŏ) diventa "Rimanga in pace".

Viene detto da colui che se ne va a colui che rimane.

Molti stranieri pensano che **안녕하세요** (An-nyōng-ha-sĕ-yŏ), il saluto che abbiamo visto all'inizio, possa essere usato anche come saluto di congedo. Invece sarebbe proprio come andarsene da un negozio e salutare la commessa con "Tutto ok?".

Anche se molto simili tra loro è importante ricordare e distinguere questi due saluti:

안녕히가세요 (An-nyeong-hi ka-se-yo) = "Vada in pace"

안녕히계세요 (An-nyeong-hi kye-se-yo) = "Rimanga in pace"

Per quanto riguarda l'informale 안녕, invece, non ci sono limitazioni: viene usato in tutte le occasioni!

Per ricordare meglio il tutto: i saluti sono come in italiano.

Il formale "**buongiorno**" (안녕하세요 "An-nyōng-ha-sĕ-yŏ") va bene come primo saluto, mentre nel congedarsi è meglio usare "**arrivederci**" (안녕히가세요 "An-nyōng-hi ka-sĕ-yŏ", oppure 안녕히계세요 "An-nyōng-hi kyĕ-sĕ-yŏ" a seconda della situazione);

l'informale "**ciao**" (안녕 "An-nyōng") è utilizzato sempre, sia quando ci si vede, sia quando ci si lascia.

Se preferite potete usare una variante affettuosa:

잘가요 (Cial ka-yŏ)

Letteralmente sarebbe "Vai bene", ma un po' meglio interpretato con "Torna a casa sano e salvo" o "**Stammi bene**".

La struttura "Fai bene qualcosa" (잘 "Cial" + verbo) come augurio è molto usata dai coreani.

Anche la **buonanotte** diventa un "**Dormi bene**":

잘자요 (Cial ja-yŏ)

Come 있다 ("It-ta" = avere/stare) si trasforma in 계시다 (Kyĕ-shi-da), anche 자다 ("Cia-da" = dormire) è uno di quei verbi sventurati che si trasformano in presenza di un superiore o una persona più anziana di noi.

자다 (Cia-da) diventa così 주무시다 (Ciu-mu-shi-da).

잘주무세요 (Cial ciu-mu-sĕ-yŏ) è quello che diremmo al nostro nonnino augurandogli la buonanotte.

Potreste facilmente sentire anche "잘먹어요" ("Cial mō-gō-yŏ" = mangia bene).
Non si tratta di un rimprovero…è un più comune "**Buon appetito!**".

Ora sappiamo come salutare, ma se fossimo presentati a qualcuno? Non fatevi prendere dal panico... eccovi due frasi usate in questo caso:

처음뵙겠습니다 (Hciō-ŭm puep-kĕt-sŭm-ni-da)

만나서반갑습니다 (Man-na-sō pan-gap-sŭm-ni-da)

C'è una piccola differenza di significato tra le due e la vedremo tra poco.

Entrambe sono usate con il significato di "**Piacere di fare la sua conoscenza**" e la scelta di una o dell'altra è abbastanza casuale.

Le due frasi sono molto formali, ma così devono essere: è la prima volta che incontrate questa persona e bisogna essere il più formali possibile!

Di solito si arriva ad un punto della conversazione in cui uno dei due chiede all'altro se possono usare un livello meno pomposo. Essendo voi gli stranieri vi consiglio sempre di aspettare che sia l'altro a proporvelo!

Imparate queste due frasi a memoria e saranno perfette in qualsiasi occasione!

Ora analizziamo nello specifico la struttura delle due frasi.

처음뵙겠습니다 (Hciō-ŭm puep-kĕt-sŭm-ni-da):

In **처음뵙겠습니다** abbiamo due parole: 처음 e 뵙겠습니다.

처음 = "Hciō-ŭm", la prima volta

Mentre 뵙겠습니다 è tutto il verbo.

Come impareremo bene più avanti il verbo si struttura così: radice del verbo, particella che indica il tempo verbale, livello di informalità.

In **뵙겠습니다** abbiamo tutte queste componenti:

뵙- (da 뵙다) = "puep", la versione formale del verbo 보다 ("pŏ-da" = vedere)

-겠- = "kĕt", struttura che indica la tipologia di futuro immediatamente successivo

-습니다 = "sŭm-ni-da", coniugazione molto formale del verbo (in questo caso뵙-da 뵙다, come appena accennato)

Una traduzione un po' approssimativa potrebbe essere "La sto per incontrare per la prima volta", un po' meglio adattata con "Sto per fare la sua conoscenza".

Andiamo ora a vedere la seconda: **만나서반갑습니다** (Man-na-sō pan-gap-sŭm-ni-da).

In 만나서반갑습니다 abbiamo due parole: **만나서** e **반갑습니다**.

만나서 (da만나다) = "Man-na-sō" è l'unione tra la radice del verbo "incontrare" 만나다 (만나-) e 그래서 ("Kŭ-rē-sō") abbreviato a solamente –서 e con il significato di "dunque, allora".

Una prima traduzione di **만나서** è "la incontro e dunque…"

반갑습니다 invece è formato da:

반갑- (da반갑다) = "pan-gap", "essere gradito"

-습니다 = "sŭm-ni-da", come visto prima è la coniugazione formale del verbo (in questo caso 반갑- da 반갑다).

Una prima traduzione della frase completa sarebbe "**La incontro e ne sono lieto**", pertanto può essere considerata come "**Piacere di incontrarla**", per noi più normale da sentire.

I nuovi arrivati in un ufficio o gruppo, che si presentano a persone con più esperienza, usano sempre questa frase:

잘부탁드립니다 (Cial pu-thak-tŭ-rim-ni-da).

Il significato è "**Prendetevi buona cura di me**", ma non stanno cercando clemenza. Al contrario, è una frase che esprime umiltà, riconoscendo di poter aver bisogno dell'aiuto e insegnamento di altri.

Un dubbio che ora potrebbe sorgervi è: se **안녕하세요** (An-nyōng-ha-sĕ-yŏ) corrisponde a "Ciao", come si chiede "come stai?".

In coreano la frase diventa "**Te la stai passando bene?**":

잘지내요? (Cial ci-nē-yŏ?).

잘지내요:

잘 = "bene"

지내요 = dal verbo 지내다 "ci-nē-da" (trascorrere), è l'unione tra la radice verbale 지내- e la desinenza cortese 요 "yŏ"

Se incontrate una persona più volte al giorno non chiedetelo perché sembrerà strano.

La frase è pensata per coloro che non vediamo da qualche tempo ed è più vicina ad un "**come te la passi?**". Le persone che si incontrano spesso, invece, chiedono altro all'interlocutore, come ad esempio se ha mangiato:

밥먹었어요? = Pap mō-gō-ssō-yŏ?

밥먹었어요:

밥 "Pap" = riso, pasto

먹었어요 è il verbo.

먹- = radice del verbo "mangiare" 먹다 ("mōk-ta")

-었어- = coniugazione al tempo passato

-요 = desinenza cortese "yŏ"

Questa frase viene spesso considerata erroneamente dagli occidentali. È un'antica abitudine quella di informarsi se una persona a noi cara ha mangiato (e quindi è in salute). Se la domanda viene posta a voi non serve che entriate nei particolari quando rispondete. Un "**Sì, ho mangiato**" è sufficiente:

네, 먹었어요 (Nĕ, mō-gō-ssō-yŏ)

Una frase che viene usata solamente se è da moltissimo tempo che non incontrate qualcuno che conoscete è:

오랜만이에요 (Ŏ-rēn-ma-ni-ĕ-yŏ)

È esattamente come il nostro "**Da quanto tempo!**".

Oggigiorno, invece, a causa della tecnologia anche la lingua è in evoluzione. Tra amici si usa mandarsi **뭐해**? ("Muō-hē?", Che fai?) come saluto. Suona un po' da stalker, ma viene inviato come vero e proprio "Ciao", quindi anche in questo caso potete rimanere generici nella risposta.

Oltretutto esiste una specie di moda nel mandare i messaggi: sbagliare apposta lo spelling per rendere le scritte più carine alla vista. Se un vostro amico vi scrive "**머해**" (Mō-hē) non vi spaventate se non lo trovate nel dizionario! È un gioco di suoni e quello che in realtà voleva comunicarvi è "**뭐해**?" (Muō-hē?).

5.1. Esercizi

1: Come si dicono queste frasi in coreano?
Esempio:
"Ciao" (formale):

1. 안녕하세요
2. 안녕히가세요
3. 안녕히계세요

La risposta esatta a questa domanda è la 1. La risposta 2 "안녕히가세요" è usata come "Arrivederci" da chi resta, mentre la risposta 3 "안녕히계세요" ha lo stesso significato, ma viene usata solamente da chi se ne va e lascia il proprio interlocutore alle spalle.

A) "Ciao" (informale):

1. 안녕하

2. 안녕히

3. 안녕

B) "Sì" (informale):

1. 응

2. 예

3. 네

C) "Buon appetito!":

1. 잘가요

2. 잘먹어요

3. 잘자요

D) "Buona notte":

1. 잘부탁드립니다

2. 잘주무세요

3. 처음뵙겠습니다

E) "Da quanto tempo!":

1. 오랜만이에요

2. 만나시반갑습니다

3. 뭐해

2: Come rispondereste a queste frasi?
Esempio:

"안녕":

1. 응

2. 안녕

3. 응, 안녕

La risposta esatta è la 3. Le altre due risultano incomplete.

A) "안녕하세요?":

1. 처음뵙겠습니다

2. 네, 안녕하세요

3. 안녕히계세요

B) “안녕히가세요”:

1. 네, 안녕하세요
2. 잘가요
3. 안녕히계세요

C) “밥먹었어요?”:

1. 네, 잘주무세요
2. 네, 안녕하세요
3. 네, 먹었어요

3: Le parole scritte qui sotto sono la versione formale di quale verbo?

A) 계시다:

1. 있다
2. 만나다
3. 보다

B) 주무시다:

1. 지내다
2. 가다
3. 자다

4: Come potreste trovare scritta nei messaggini la parola “뭐해”?

1. 머해
2. 무해
3. 모해

5.2. I segreti svelati in questo capitolo

- Un saluto tipicamente coreano è “안녕하세요?” “네, 안녕하세요”.
- 예 e 네 sono uguali: entrambi formali e a significare semplicemente “sì”. 응 è la versione informale, usata con gli amici stretti.

- Il saluto 안녕하세요 (o l'informale 안녕) viene usato a tutte le ore del giorno; non esistono diversi saluti a seconda del momento della giornata che stiamo vivendo.

- "안녕히가세요" è usato come saluto di congedo da chi rimane nei confronti della persona che se ne va; al contrario la persona che si allontana può salutare con "안녕히계세요".

- 가세요 è la coniugazione formale del verbo "andare" 가다, mentre 계세요 è la forma onorifica del verbo "essere" 있다.

- Ci sono altre frasi che fungono da saluto di congedo e queste sono: 잘가요, 잘자요, 잘주무세요.... .

- Quando incontrate una persona per la prima volta potete dire una di queste frasi mentre vi inchinate e le stringete la mano: 치음뵙겠습니다 e 만나서반갑습니다. 잘부탁드립니다 è preferito in ambito lavorativo o scolastico.

- "잘지내요?", "밥먹었어요?" vi permettono di chiedere al vostro interlocutore "Come stai?".

- "뭐해?" ("Che fai?") è oggigiorno usato per messaggio come vero e proprio saluto.

5.3. Soluzioni

1)

A, 3 ("Ciao" – 안녕)

B, 1 ("Sì" = 응)

C, 2 ("Buon appetito!" = 잘먹어요)

D, 2 ("Buona notte" = 잘주무세요)

E, 1 ("Da quanto tempo!" = 오랜만이에요)

2)
A, 2
"안녕하세요?" - "네, 안녕하세요"

B, 3
“안녕히가세요” - “안녕히계세요”
C, 3
“밥먹었어요?” - “네, 먹었어요”

3)
A, 1 (계시다 = 있다)
B, 3 (주무시다 = 자다)

4) 1

6. IL MIO NOME – COME SCRIVERLO IN COREANO

Tutti i nomi italiani che vedremo trascritti in coreano saranno storpiati dalle **limitazioni** della lingua coreana. Sono esigenze causate della mancanza di particolari suoni e quindi vi è l'impossibilità da parte dei coreani di pronunciarli come faremmo in italiano.

Ci sono, però, anche nomi semplici come Anna o Maria che rimangono invariati: **안나** ("An-na"); **마리아** ("Ma-ri-a").

Non siete sicuri di come trascrivere il vostro nome in coreano? Tranquilli, vi aiuterò io ora a capire come farlo!

Se nel vostro nome è presente una E, oppure una O sarete sicuramente indecisi su quale versione coreana di quella vocale usare.

Per i nomi stranieri sarebbe da ascoltare bene la pronuncia madrelingua di quel dato nome. Per quelli italiani, invece, il problema non sussiste!

I due suoni vocalici sono sempre chiusi, perché più simili ai corrispettivi italiani.

La E diventa –ĕ = ㅔ

La O diventa –ŏ = ㅗ

Prendiamo ora come esempio il nome "Federico":

페데리코

*Phĕ-dĕ-ri-khŏ

Con questo nome vi sarete sicuramente accorti di un altro problema: l'**assenza** del suono F! Ci sono, infatti, dei suoni consonantici del tutto assenti nella lingua coreana e questi sono **F, V e Z**.

Per quanto riguarda la lettera F, come in Federico, la scelta cade sulla P aspirata (il suono che si avvicina di più a quello da noi ricercato).

Pertanto per Federico avremo 페데리코 e per Stefania avremo **스테파니아**.

A volte usano 화 (hua) al posto di 파 (pha) per trascrivere la sillaba –FA. Vi capiterà, quindi, di trovare il nome Stefania riportato anche come **스테화니아** e il nome "Fabiola" come 화비올라 al posto di 파비올라.

Passiamo ora alla –V: in questo caso va sostituita con il suono –B.

Silvia = 실<u>비</u>아

Valeria = <u>발</u>레리아

Veronica = <u>베</u>로니카

Infine abbiamo la consonante –Z. Per questo caso il suono che va in aiuto è quello di –ㅈ.

Zeno = 제노

Zaira = 자이라

Ci sono però molti altri suoni impossibili da pronunciare per un coreano. Vediamoli ora uno alla volta.

Prima di tutto abbiamo –L.
Ci sono due note da fare su questo suono.
La numero 1: stranamente –L esiste all'interno del repertorio coreano, ma non si può trovare a inizio parola; in quel caso –L deve essere sostituita con –R.

Lucio = 루치오

Lorenza = 로렌자

La numero 2: nel mezzo di una parola se –L è seguita da vocale dovete per forza raddoppiare il suono!
Vediamo alcuni nomi che necessitano questo rafforzamento di suono:

Alessia = 알레시아

Nicola = 니콜라

Adesso andiamo a studiare tutti gli altri casi per eliminare qualsiasi dubbio:

Il suono –BL

Pablo = 파블로

Il suono –BR

Gabriella = 가브리엘라

Brenda = 브렌다

Il suono –CL

Clarissa = 클라리사

Clemente = 클레멘테

Il suono –CR

Cristina = 크리스티나

Cristiano = 크리스티아노

Il suono –DR

Andrea = 안드레아

Adriana = 아드리아나

Il suono –FL

Floriana = 플로리아나

Flavio = 플라비오

Il suono –FN

Dafne = 다프네

Il suono –FR

Francesca = 프란체스카

Frollo = 프롤로

Il suono –GD

Magda = 마그다

Il suono –GL

Gloria = 글로리아

Glen = 글렌

Il suono –GR

Allegra = 알레그라

Greta = 그레타

I suoni –LB, –LC, –LD, –LF, –LG, –LM, –LS, –LT, –LV

Alberto = 안베르토

Melchiorre = 멜키오레

Aldo = 알도

Alfio = 알피오

Olga = 올가

Palmira = 팔미라

Elsa = 엘사

Walter – 발데르

Silvana = 실바나

Il suono –MB

Ambra = 암브라

Lamberto = 람베르토

Il suono –ML

Amleto = 아믈레토

I suoni: –NB, –NC, –ND, –NF, –NG, –NL, –NM, –NP, –NR, –NS, –NT, –NZ

Gianbattista = 지안바티스타

Giancarlo = 지안카를로

Wanda = 반다

Ninfeo = 닌페오

Angela = 안젤라

Gianluigi = 지안루이지

Gianmario = 지안마리오

Gianpaolo = 지안파올로

Enrica = 엔리카

Anselmo = 안셀모

Antonio = 안토니오

Costanza = 코스탄자

Il suono –PL

Platone = 플라토네

Il suono –PR

Primo = 프리모

Primula = 프리물라

I suoni –RB, –RC, –RD, –RF, –RG, –RL, –RM, –RN, –RS, –RT, –RZ

Barbara = 바르바라

Marcella = 마르첼라

Verdiana = 베르디아나

Orfeo = 오르페오

Giorgio = 지오르지오

Carla = 카를라

Irma = 이르마

Ornella = 오르넬라

Ursula = 우르술라

Roberto = 로베르토

Marzia = 마르지아

Il suono –SC

Francesco = 프란체스코

Priscilla = 프리실라

Il suono –SM

Cosmo = 코스모

Ismaele = 이스마엘레

Il suono –SP

Gaspare = 가스파레

Speranza = 스페란자

Il suono –ST

Fausto = 파우스토

Stella = 스텔라

Il suono –SQ

Pasquale = 파스쿠알레

I suoni –SV e –TL

Svetlana = 스베틀라나

Il suono –TR

Patrizia = 파트리지아

Tristano = 트리스타노

Il suono –VL

Vladimir = 블라디미르

Il suono –ZR

Ezra = 에즈라

Vediamo adesso il caso delle **doppie**!

Se sono suoni nasali (M o N) questi vanno scritti doppi, il primo in terza posizione di una sillaba e il secondo in prima posizione della sillaba successiva.

Annarita = 안나리타

Emma = 엠마

La stessa regola vale per –L.

Valentino = 발렌티노

Per le consonanti –P (ㅂ), –C (ㅈ), –T (ㄷ), –K (ㄱ) e –S (ㅅ), invece, **evitate il raddoppio** con ㅃ, ㅉ, ㄸ, ㄲ, e ㅆ: usate al loro posto i suoni aspirati ㅍ (per –pp), ㅊ (per –cci), ㅌ (per –tt), ㅋ (per –cch) e lasciate la –S (ㅅ) in singolare.

Beppe = 베페
Nuccia = 누치아
Matteo = 마테오
Riccardo = 리카르도
Massimo = 마시모

Tutte le altre consonanti non citate si comportano come –S, rimanendo singole.

Maddalena = 마달레나
Ruggero = 루제로

Provate ora a scrivere il vostro nome!

6.1. Esercizi

Provate ora a trascrivere in caratteri coreani questi nomi:
1) Amanda
2) Damiano
3) Sergio
4) Leonardo
5) Beatrice
6) Giacomo
7) Donatella
8) Raffaele
9) Manuela
10) Camilla
11) Luisa
12) Giovanni
13) Edoardo
14) Eleonora
15) Sofia
16) Davide
17) Aurora
18) Mattia
19) Linda
20) Elisabetta

6.2. I segreti svelati in questo capitolo

- Nella lingua coreana mancano alcuni suoni presenti, invece, nel nostro alfabeto italiano. Questo causa delle storpiature quando andiamo a pronunciare parole straniere, in particolare i nomi di persona.

- Per i nomi italiani quando si ha una –E è meglio adottare il suono chiuso –ㅔ; lo stesso vale per la vocale –O: si adotta la versione chiusa –ㅗ.

- Ricordatevi i diversi suoni che una consonante adotta all'interno di una parola. Ad esempio se dovessimo scrivere il nome "Federico" saremmo obbligati ad utilizzare la –K aspirata (ㅋ) per il suono –C, altrimenti con il suono semplice –ㄱ il nome verrebbe letto "FederiGo".

- I suoni completamente assenti nel vocabolario coreano sono: F, V e Z.
  Per il suono F si adotta la –P aspirata (ㅍ); la –V viene sostituita con il suono –B (ㅂ); con la consonante –Z si preferisce –CH (ㅈ).

- La –L a inizio nome si trasforma in –R, mentre nel mezzo di un nome deve per forza raddoppiare (la prima –L sarà posizionata in terza posizione all'interno della sillaba, mentre la seconda prenderà il posto in prima posizione nella sillaba successiva).

- I suoni doppi che comprendono le consonanti –P (ㅂ), –C (ㅈ), –T (ㄷ), –K (ㄱ) o –S (ㅅ) non vengono riportati con le consonanti doppie: si rischierebbe di rendere il nome troppo opsoleto! In questi casi si preferisce rendere i suoni aspirati: avremo quindi i suoni ㅍ (per –pp), ㅊ (per –cci), ㅌ (per –tt), ㅋ (per –cch) e la –S (ㅅ) semplice nel caso di –ss.

6.3. Soluzioni

1) Amanda = 아만다
2) Damiano = 다미아노
3) Sergio = 세르지오
4) Leonardo = 레오나르도
5) Rossana = 로사나
6) Giacomo = 지아코모
7) Donatella = 도나텔라

8) Raffaele = 라파엘레

9) Manuela = 마누엘라

10) Camilla = 카밀라

11) Luisa = 루이사

12) Giovanni = 지오반니

13) Edoardo = 에도아르도

14) Eleonora = 엘레오노라

15) Sofia = 소피아

16) Davide = 다비데

17) Aurora = 아우로라

18) Mattia = 마티아

19) Linda = 린다

20) Elisabetta = 엘리사베타

Continuate ad esercitarvi con i nomi dei vostri amici e parenti!

7. COME TI CHIAMI? – COME PRESENTARSI

I coreani sono un popolo molto amichevole, soprattutto nei confronti degli stranieri. È molto facile iniziare una conversazione ed entrare in confidenza con un coreano; è pertanto fondamentale sapere come presentarsi e saper chiedere il nome al vostro interlocutore.

Vediamo ora passo per passo come formulare questo tipo di frasi.

Come prima cosa impariamo a presentarci. Questo ci torna utile non solo quando incontriamo nuove persone nella vita privata, ma anche per iniziare una presentazione a lavoro o a scuola.

Prima di tutto c'è l'**io**.

Il pronome personale "io" ha due varianti in coreano: una formale e una informale.

Vediamo prima quella formale: quando ci si presenta di solito si usa questa perché al primo incontro si cerca di essere il più formali e gentili possibile.

L'io formale è dunque "저", pronunciato "ciō".

La versione informale è molto differente: "나" ("na").

Come in italiano "io" non viene usato in tutte le frasi, ma solo in quelle che lo necessitano. Nella maggior parte dei casi in cui compare è accompagnato dalla posposizione che indica il tema della frase.

In coreano esistono sia la particella del **soggetto**, che quella del **tema**. In italiano non usiamo ripetere il tema del discorso come fanno i coreani, quindi a volte è difficile per noi capire quale particella usare in un dato caso. Ci sono dei verbi che richiedono per forza la presenza di un soggetto, ma per il resto prevale l'utilizzo della particella del tema.

Andiamole a studiare entrambe e piano piano con gli esercizi capiremo bene come usarle.

Le particelle hanno la stessa valenza delle preposizioni in italiano: indicano il tipo di complemento. In italiano differiscono per genere (femmina o maschio) e numero (singolare o plurale). In coreano tale differenziazione non c'è, ma quasi tutte le particelle hanno **due versioni**: quella che segue una vocale e quella che segue una consonante. Ciò serve a creare armonie di suono, che rendono la lingua più bella all'ascolto e fluida da pronunciare.

	Dopo consonante	**Dopo vocale**
TEMA	은 "ŭn"	는 "nŭn"
SOGGETTO	이 "i"	가 "ka"

Il **tema** del discorso viene sempre indicato a inizio frase e identificato con 은/는 ("ŭn/nŭn") in successione al nome a cui si riferiscono.

은 ("ŭn") viene usato quando l'ultima sillaba del nome è una consonante; 는 ("nŭn") viene usato quando l'ultima sillaba del nome che precede è una vocale.

Nel caso di저 ("ciō") e 나 ("na") per indicare il tema avremo quindi la particella –는 ("nŭn"), dato che entrambe terminano per vocale:

저는 ("ciō-nŭn")

나는 ("na-nŭn")

Nel caso di -는 ("nŭn") molto spesso il suono viene semplificato ad una più semplice –ㄴ ("n").

Pertanto avremo:

저는 ->전 ("ciōn")

나는 ->난 ("nan")

Come vedremo anche in futuro il coreano tende ad abbreviare tutto ciò che è superfluo.

Vediamo ora qualche esempio con –은 ("ŭn"):

Vi ricordate la parola "riso" 밥 ("pap")?

Con la particella del tema diventa 밥은… ("pa-bŭn")

Il libro 책 ("hciēk") diventa 책은… ("hciē-gŭn")

Riconsideriamo ora la tabella con gli esempi visti:

	Dopo consonante	**Dopo vocale**
TEMA	밥은 ("pa-bŭn") 책은 ("hciē-gŭn")	저는 ("ciō-nŭn") 나는 ("na-nŭn")
SOGGETTO	이 "i"	가 "ka"

Le stesse regole si applicano per le particelle del soggetto 이/가 ("i/ka").

Parole che terminano per consonante e richiedono la particella del soggetto 이 ("i"):

밥 ("pap") = riso, pasto

밥은 ("pa-bŭn") – 밥이 ("pa-bi")

책 ("hciēk") = libro

책은 ("hciē-gŭn") – 책이 ("hciē-ghi")

질문 ("cil-mun") = domanda

질문은 ("cil-mu-nŭn") – 질문이 ("cil-mu-ni")

대답 ("tē-dap") = risposta

대답은 ("tē-da-bŭn") – 대답이 ("tē-da-bi")

Parole che terminano per vocale e richiedono la particella del soggetto 가 ("ka"):

amazon.co.uk

A gift note from Rossella cerciello:

Non sarà possibile festeggiare il compleanno insieme purtroppo e questo è un pensiero per sentirci lo stesso vicini con la speranza di vederci presto.Tanti Auguri! Ti vogliamo bene From ROSSY, ANDREA, DALI E MATT

Gift note included with **2-3 KG Prime Quality 100% Original Himalayan Crystal Rock Salt Lamp Natural from Foothills of the Himalayas Beautifully Hand Craft Comes with Complete Electric fitting Top Quality Guaranteed**

아이 ("a-i") = bambino

아이는 ("a-i-nŭn") – 아이가 ("a-i-ga")

표 ("phyŏ") = biglietto

표는 ("phyŏ-nŭn") – 표가 ("phyŏ-ga")

	Dopo consonante	Dopo vocale
TEMA	밥은 ("pa-bŭn") 책은 ("hciē-gŭn")	저는 ("ciō-nŭn") 나는 ("na-nŭn")
SOGGETTO	밥이 ("pa-bi") 책이 ("hciē-ghi")	아이가 ("a-i-ga") 표가 ("phyŏ-ga")

Ritornando al nostro "io"..."Io sono Stefania".
Per riuscire a formulare una frase così ci manca solo da studiare il **verbo essere**.

이다 è la sua forma "infinita".

Quando ci si presenta non ci si conosce, quindi di solito si usa la coniugazione formale in –요 (yŏ) che abbiamo già trovato più volte.

Come per le particelle del tema e del soggetto, anche il verbo essere presenta due versioni: -이에요 e -예요.

-이에요 dopo un nome che termina per consonante.

-예요 dopo un nome che termina per vocale.

La frase "Io sono Stefania" diventa quindi così:
저는스테파니아예요.
"Ciō-nŭn Sŭ-thĕ-pha-ni-a yĕ-yŏ"
Dove "Sŭ-thĕ-pha-ni-a" è la pronuncia coreana del nome "Stefania".

Proviamo ora con altri nomi:
저는루카예요.
"Ciō-nŭn Ru-kha yĕyŏ"
Dove "Ru-kha" è la pronuncia coreana del nome "Luca".

저는카를로예요.
"Ciō-nŭn Kha-rŭl-lo yĕyŏ"
Dove "Kha-rŭl-lo" è la pronuncia coreana del nome "Carlo".

In tutti i casi visti la versione usata del verbo essere è stata –예요. Questo perché i nomi Stefania, Luca e Carlo terminano tutti per vocale, come quasi tutti i nomi italiani.

Ci sono però nomi come Carmen, Daniel e Nick che finiscono con una consonante: in questo caso avremo il verbo essere nella sua forma in –이에요.

카르멘 (Carmen, "Kha-rŭ-mĕn"):
저는카르멘이에요
"Ciō-nŭn Kha-rŭ-mĕ-ni-ĕ-yŏ"

다니엘 (Daniel, "Ta-ni-ĕl"):
저는다니엘이에요
"Ciō-nŭn Ta-ni-ĕ-ri-ĕ-yŏ"

닉 (Nick, "Nik"):
저는닉이에요
"Ciō-nŭn Ni-ghi-ĕ-yŏ"

Basta che mettiate il vostro nome al posto dei puntini:

	FRASE
NOME CHE TERMINA CON VOCALE	저는 ....예요 Ciō-nŭn .... yĕ-yŏ
NOME CHE TERMINA CON CONSONANTE	저는 .... 이에요 Ciō-nŭn .... yĕ-yŏ

Se ci si vuole presentare con nome e cognome la struttura della frase non cambia!

"Io sono Verdi Luca"
저는베르디루카예요
"Ciō-nŭn Pĕ-rŭ-di Ru-kha yĕyŏ"

"Io sono De Nobili Carmen"
저는데노빌리카르멘이에요
"Ciō-nŭn Tĕ-nŏ-bil-li Kha-rŭ-mĕ-ni-ĕ-yŏ"

I coreani si presentano dicendo sempre prima il cognome e poi il nome, pertanto è consigliato che anche voi facciate lo stesso; se ad esempio vi presentaste come "Luca Verdi" e non "Verdi Luca" è possibile che pensino che il vostro nome sia "Verdi", mentre "Luca" il cognome.

In italiano per presentarsi non esiste solo la frase "Io sono...", ma anche "Mi chiamo..." e "Il mio nome è...".
Così anche in coreano ci sono più modi per introdurre il proprio nome.

Andiamo ora a vedere la frase corrispondente all'italiano **"Mi chiamo…"**.

Per iniziare abbiamo sempre l'io 저는 ("ciō-nŭn"), seguito dal nostro nome.

Per esprimere il significato di "Sono chiamato con un certo nome" dobbiamo usare la particella –(이)라고:

–이라고 ("-i-ra-gŏ") dopo consonante

–라고 ("-ra-gŏ") dopo vocale

Questa particella andrà a legarsi al nome di persona e verrà seguita dal verbo 하다 ("ha-da"), che come già visto è il verbo generale che rende tutto predicato.

Se coniughiamo il verbo 하다 ("ha-da") formalmente, questo diventerà 해요 ("hē-yŏ").

저는프란체스코라고해요
"Ciō-nŭn Phŭ-ran-hciĕ-sŭ-khŏ-ra-gŏ hē-yŏ"
Con 프란체스코 = Francesco

저는시모나라고해요
"Ciō-nŭn Shi-mŏ-na-ra-gŏ hē-yŏ"
Con 시모나 = Simona

저는사브리나라고해요
"Ciō-nŭn Sa-bŭ-ri-na-ra-gŏ hē-yŏ"
Con 사브리나 = Sabrina

Nel caso avessimo un nome che termina con una consonante ci basterà aggiungere una 이 ("i") tra il nome e la nostra particella 라고 ("ra-gŏ")

저는사무엘이라고해요
"Ciō-nŭn Sa-mu-ĕ-ri-ra-gŏ hē-yŏ"
Con 사무엘 = Samuel

저는존이라고해요
"Ciō-nŭn Ciŏ-ni-ra-gŏ hē-yŏ"
Con 존 = John

L'ultima frase con cui possiamo presentarci è "Il mio nome è…".
I pronomi possessivi per la prima persona singolare sono:

제 ("ciĕ") ottenuto dal pronome personale 저 ("ciō")

내 ("nē") ottenuto dal pronome personale 나 ("na")

이름 ("i-rŭm") = nome

Quindi "Il mio nome" diventa:
제이름 ("ciĕ i-rŭm"), formale
내이름 ("nĕ i-rŭm"), informale

"Il mio nome" diventa il tema del discorso:
제이름은 ("ciĕ i-rŭ-mŭn")
내이름은 ("nĕ i-rŭ-mŭn")

제이름은안드레아예요
"Ciĕ i-rŭ-mŭn An-dŭ-rĕ-a yĕyŏ"
= Il mio nome è Andrea
Con 안드레아 = Andrea

제이름은키아라예요
"Ciĕ i-rŭ-mŭn Khi-a-ra yĕyŏ"
= Il mio nome è Chiara
Con 키아라 = Chiara
Quindi se il nostro nome fosse Tommaso, in coreano potremmo presentarci così:

저는톰마소예요	Ciō-nŭn Thŏm-ma-sŏ yĕ-yŏ
저는톰마소라고해요	Ciō-nŭn Thŏm-ma-sŏ-ra-gŏ hē-yŏ
제이름은톰마소예요	Ciĕ i-rŭ-mŭn Thŏm-ma-sŏ yĕ-yŏ

Con 톰마소 = Tommaso
Se invece fosse Asia...

저는아시아예요	Ciō-nŭn A-shi-a yĕ-yŏ
저는아시아라고해요	Ciō-nŭn A-shi-a-ra-gŏ hē-yŏ
제이름은아시아예요	Ciĕ i-rŭ-mŭn A-shi-a yĕ-yŏ

Con 아시아 = Asia
Se invece avessimo un nome che termina per consonante come Martin:

저는마르틴이에요	Ciō-nŭn Ma-rŭ-thi-ni-ĕ-yŏ
저는마르틴이라고해요	Ciō-nŭn Ma-rŭ-thi-ni-ra-gŏ hē-yŏ

제이름은마르틴이에요	Ciě i-rŭ-mŭn Ma-rŭ-thi-ni-ĕ-yŏ

Con마르틴 = Martin

Ora sapete rispondere perfettamente alla domanda: "**Come ti chiami?**"

이름이뭐예요? "I-rŭ-mi muō-yĕ-yŏ?"

7.1. Esercizi

1: Scegliete la particella del tema giusta per ogni parola.
Esempio:

바지 = pantaloni:

1. 바지은

2. 바지는

La parola "바지" termina con la vocale "i", pertanto richiede la particella "는" a seguire. La risposta esatta è quindi la 2.

A) 샤츠 = camicia (dall'inglese "shirt"):

1. 샤츠은

2. 샤츠는

B) 양복 = completo elegante:

1. 양복은

2. 양복는

C) 띠 = cintura:

1. 띠은

2. 띠는

D) 넥타이 = cravatta (dall'inglese "necktie"):

1. 넥타이은

2. 넥타이는

E) 모자 = cappello:

1. 모자은

2. 모자는

F) 양말 = calzini:

1. 양말은

2. 양말는

G) 운동화 = scarpe da ginnastica:

1. 운동화은

2. 운동화는

H) 구두 = scarpe eleganti:

1. 구두은

2. 구두는

I) 재킷 = giacca (dall'inglese "jacket"):

1. 재킷은

2. 재킷는

2: Ora, invece, scegliete la particella del soggetto giusta per queste parole.
Esempio: 지우기 = gomma da cancellare:

1. 지우기이

2. 지우기가

La parola "지우기" termina con la vocale "i" e pertanto ha bisogno di essere seguita dalla particella "가". La risposta esatta è quindi la 2.

A) 공부 = lo studio (da "studiare"):

1. 공부이

2. 공부가

B) 수업 = lezione:

1. 수업이

2. 수업가

C) 학교 = scuola:

1. 학교이

2. 학교가

D) 교실 = classe (luogo dove si tengono le lezioni):

1. 교실이

2. 교실가

E) 책상 = banco:

1. 책상이

2. 책상가

F) 숙제 = compiti per casa:

1. 숙제이

2. 숙제가

G) 가방 = borsa/zaino:

1. 가방이

2. 가방가

H) 펜 = penna (dall'inglese "pen"):

1. 펜이

2. 펜가

I) 연필 = matita:

1. 연필이

2. 연필가

3: Quali sono i tre modi in cui rispondereste alla domanda "이름이뭐예요?" se il vostro nome fosse Maurizio (마우리지오)? Provate a scriverle tutte su un foglietto e solo successivamente andate a controllare le soluzioni.

4: Trovate tutti gli errori nelle seguenti frasi, in cui 안나 è il nome "Anna":

A) 제이룸은안나얘요

B) 나는안나이라고하요

C) 제는안나이에요

7.2. I segreti svelati in questo capitolo

- "저" e "나" hanno lo stesso significato: "io". Il primo è formale ed è quello che scegliamo quando andiamo a presentarci, il secondo è invece informale e lo si usa con conoscenti più stretti.

- Come in italiano il pronome "io" non viene usato spesso mentre parliamo; viene usato solo quando si vuole marcare il fatto che siamo noi ad aver fatto una data cosa e non altri.

- In coreano esistono due particelle molto simili e allo stesso tempo molto diverse: la particella del tema e la particella del soggetto. In italiano le andiamo a tradurre quasi sempre nello stesso modo, ma in coreano sono considerate molto differenti e solo in pochi casi sono interscambiabili.

- Le particelle in coreano hanno spesso due versioni ma non si tratta di distinzione di genere (tra maschio e femmina) o di numero (tra singolare e plurale). La differenza si ha a causa del suono a cui la particella si unisce: se segue una consonante avremo una versione e se segue una vocale sceglieremo l'altra.

- La particella del tema è 은/는: 은 dopo consonante e 는 dopo vocale.

- 이다 è la forma infinita del verbo "essere". -이에요 e –예요 sono le sue forme cortesi: la prima viene a seguire un suono consonantico, mentre la seconda è posta dopo suoni vocalici.

- I coreani si presentano dicendo sempre prima il cognome e poi il nome. Quando vi presentate con il nome completo fate altrettanto per evitare incomprensioni.

- La particella –(이)라고 (–이라고 dopo consonante e –라고 dopo vocale), seguita dal verbo하다 sta per "Mi chiamo…".

- 제 e내 sono i pronomi possessivi "mio" che derivano rispettivamente da 저 e 나.

7.3. Soluzioni

1)
A, 2 (샤츠는)
B, 1 (양복은)
C, 2 (띠는)
D, 2 (넥타이는)

E, 2 (모자는)

F, 1 (양말은)

G, 2 (운동화는)

H, 2 (구두는)

I, 1 (재킷은)

2)

A, 2 (공부가)

B, 1 (수업이)

C, 2 (학교가)

D, 1 (교실이)

E, 1 (책상이)

F, 2 (숙제가)

G, 1 (가방이)

H, 1 (펜이)

I, 1 (연필이)

3:

1. 저는마우리지오예요
2. 저는마우리지오라고해요
3. 제이름은마우리지오예요

4:

A) 제이름은안나얘요

La frase corretta è “제이름은안나예요”.

B) 나는안나이라고하요

La frase corretta è “저는안나라고해요”.

C) 제는안나이에요

La frase corretta è “저는안나예요”.

8. FRATELLONE, TI VA DI DIVENTARE IL MIO RAGAZZO? – UN APPELLATIVO PER TUTTI

I nomi in coreano sono difficili da imparare per uno straniero, perché molto simili tra loro.

Il cognome viene passato di padre in figlio come in Italia, ma in passato era il nome della casata a cui si apparteneva. Per questo molte persone hanno lo stesso cognome.
I più diffusi sono Kim, Lee, Park e Choi.
Gli altri si sentono molto meno e **in tutto sono al massimo una cinquantina.**

Ad ogni modo **tutti i cognomi sono composti da una sola sillaba. Il nome invece è solitamente composto da due sillabe.** Vi sembrerà strano ma quasi tutti i coreani hanno il nome lungo uguale. Ci sono solo poche eccezioni di nomi da una sillaba o tre. Nomi coreani più lunghi non si sono mai visti. Vi accorgerete di questa cosa appena dovrete compilare qualche documento ufficiale in Corea: lo spazio per il nome è formato da soli tre riquadri.

Non tutti i nomi hanno un significato. Alcuni hanno nomi come 사랑 "sarang" (= amore), che hanno una corrispondenza diretta con la lingua. La gran parte dei nomi ha, però, origini nei caratteri cinesi usati in passato. Esattamente come molti dei nostri nomi in italiano hanno un significato che proviene dal greco antico, ma oggigiorno sono solo nomi di persona e nulla più. È così anche per i nomi coreani.

C'è un numero limitato di possibilità con cui chiamare i propri figli e vi accorgerete che ci sono molte persone che portano lo stesso nome e cognome. A volte c'è una differenza tra suoni molto simili tra loro e ad un orecchio straniero questo fatto rappresenta una condanna! Ad esempio riconoscere la differenza tra i nomi 준현 "Jun-hyōn" e 준형 "Jun-hyōng" non è da principianti.

Ma ecco che la tradizione viene in nostro soccorso!

Fin dall'antichità vengono usati **appellativi**, sia nel mondo del lavoro sia nella vita privata, che indicano esattamente il tipo di rapporto esistente tra due persone. Alcuni di questi vanno accostati al nome, altri invece lo vanno a sostituire completamente.
Nel mondo del lavoro ci sono appellativi specifici per ogni rango. Come il nostro capo reparto, titolare, dirigente, etc.
Mentre in Italia e in generale nel mondo occidentale è normale chiamare la persona per nome, questo non può essere fatto in Asia. In Corea infatti, il nostro ipotetico capo De Rossi deve essere appellato con "Capo De Rossi".

Tralasciamo per il momento il difficile mondo del business. Anche la vita privata è controllata dagli antichi valori confuciani, secondo i quali l'**età** è tutto.
Per questo motivo **in Corea si pensa che due persone possano essere davvero amiche solo se nati lo stesso anno.** Questa cosa allontana e avvicina allo stesso tempo. Da un lato un nostro conoscente di un solo anno più vecchio deve essere riconosciuto come superiore e deve essere rispettato e riverito, mentre ci si sente liberi di tutto con gente più piccola. Dall'altra parte quando due persone sono nate lo stesso anno,

non importa che si siano appena strette la mano, possono già considerarsi "**amici**" (in coreano **친구** "hcin-gu").

Il rispetto nei confronti dell'età è legge marziale in Corea: un anziano può avere torto marcio, ma essendo più vecchio di voi avrà sempre l'ultima parola.

Ci sono regole specifiche e non dette. Quando un gruppo esce a cena si può capire il rapporto d'età tra le diverse persone. Il più piccolo, detto **막내** "mak-nē", sarà quello più scanzonato e alla mercé di tutti. **Il più vecchio invece farà quasi da papà, prendendosi cura di tutti e pagando il conto alla fine.** Per esperienza personale è sempre meglio essere nel mezzo, perché essere i più piccoli o i più anziani di un gruppo non è mai vantaggioso.

Nel mondo del lavoro questa cosa è particolarmente sentita. **Non si ribatte mai ad un superiore, non ci si lamenta e non si risponde di no.** Questo in passato ha portato ad un livello di stress così alto a gettare la Corea del Sud al primo posto per suicidi. Al giorno d'oggi le cose stanno migliorando pian piano. Ad esempio le cene aziendali settimanali, che erano d'obbligo una volta, sono oggi facoltative. Si tratta comunque di un mondo spietato dove **bisogna essere dotati di educazione e sopportazione.** Bere è una conseguenza. Tanta oppressione sfocia in un benessere dato dalla sensazione di libertà dell'alcool. **Sarà impossibile per voi mettere piede in Corea e non toccare una goccia d'alcool.** Ogni tipo di alcool è stato abbinato ad una pietanza o occasione speciale, ci sono riti e giochi da fare con gli amici. **Per i coreani andare a bere è la prima cosa da fare quando si conosce qualcuno**, quando non si vedeva qualcuno da tanto tempo, per festeggiare, per consolare… è la soluzione a tutto! Vedremo più avanti come affrontare una sessione d'alcol con i coreani.

La gente si chiama, quindi, con appellativi specifici. Questi nomignoli vengono usati per creare una "parete d'età", che distingue il grado di **intimità** o superiorità/inferiorità. Allo stesso tempo, però, si tratta sempre di appellativi affettuosi, che quindi avvicinano all'interlocutore, lo fanno sentire di **famiglia** e ben accetto.

Adesso vedremo i più usati.
Prima di tutto ci sono i nomignoli con tema scolastico:

선배: Sōn-bē, colui con più esperienza di noi

막내: Mak-nē, colui con meno esperienza rispetto a noi

선생님: Sōn-sēng-nim, colui che ci insegna (l'insegnante)

Passiamo poi alle parentele:

오빠: Ŏ-ppa, usato dalle femmine per chiamare un maschio più grande di loro (= fratellone)

언니: Ōn-ni, usato dalle femmine per chiamare altre femmine più grandi (= sorellona)

형: Hyōng, usato dai maschi per chiamare maschi più grandi (= fratellone)

누나: Nu-na, usato dai maschi per chiamare una femmina più grande di loro (= sorellona)

여동생: Yō-dŏng-sēng, una femmina più piccola (= sorellina)

남동생: Nam-dŏng-sēng, un maschio più piccolo (= fratellino)

Questi nomignoli inizialmente venivano usati solo tra parenti, con gli anni sono stati usati per creare un rapporto speciale con persone a noi vicine. Non vengono quasi mai usati con estranei, ma quando viene a crearsi un rapporto in qualche modo intimo con una persona non nostra parente. Un nomignolo del genere crea un **legame** più forte e oggigiorno ha addirittura richiami quasi sessuali. Se siete femmine e chiamate un vostro amico maschio più grande **오빠** "Ŏ-ppa" (particolarmente se con una vocina molto femminile, quasi da cartone animato) vi accorgerete di come gongoli, arrossisca o comunque abbia una reazione positiva. Lo stesso vale al contrario con i maschi che chiamano **누나** "Nu-na" un'amica più grande. Questo perché nomignoli come "fratellone" e "sorellona" non fanno venire fantasie di incesto, ma creano un legame speciale, come quello famigliare. La persona di età maggiore sente di doversi prendere cura dell'altro, di essere in qualche modo responsabile. Ciò per tanti ha una carica sessuale, ma la maggior parte del tempo è solo un semplice nomignolo… non abbiate paura ad usarli!

La stessa logica vale per la **moda delle effusioni esagerate** chiamate **애교** "ē-ghyŏ": voce acuta, gesti e versetti da bambino, accompagnati dalla parola **오빠** "Ŏ-ppa/누나"Nu-na"…se fatto bene scioglierà qualsiasi coreano.

Per questo per strada può capitarvi di sentire una ragazza chiedere al proprio fratellone di baciarla… ma non spaventatevi! Non siete di fronte ad un incesto!

8.1. Esercizi

Abbinate le parole (indicate con i numeri) alle loro descrizioni (indicate con le lettere) in italiano:

1. 남동생
2. 언니
3. 선생님
4. 오빠
5. 애교
6. 막내
7. 여동생

8. 누나

9. 선배

10. 형

A. Sorellona (per un maschio)
B. Fratellone (per una femmina)
C. Qualcuno più piccolo di noi, con meno esperienza
D. Effusioni esagerate in stile cartone animato
E. Insegnante
F. Sorella minore
G. Fratellone (per un maschio)
H. Qualcuno più grande di noi, con più esperienza
I. Fratello minore
L. Sorellona (per una femmina)

8.2. I segreti svelati in questo capitolo

- Molte persone in Corea hanno lo stesso cognome perché nell'antichità i cognomi indicavano la casata di appartenenza.

- Tutti i cognomi in coreano consistono in una sola sillaba. La cultura vuole che invece il nome sia composto da due sillabe. Ci sono alcune persone con un nome composto da una o tre sillabe, ma sono una percentuale davvero molto bassa.

- Secondo la tradizione ci sono appellativi per tutte le persone che ci circondano, da quelle con cui abbiamo più confidenza a quelle con cui dobbiamo essere il più formali possibile.

- Se due persone sono nate lo stesso anno si definiscono già da subito "amici". Si ritiene che si possa essere completamente a proprio agio solamente con coloro che hanno la nostra stessa età, non avendo alcun obbligo di superiorità/inferiorità.

- Il 막내 è il più giovane del gruppo.

- I coreani cercano unione con le persone chiamandoli come facessero parte della famiglia: questo rende il rapporto tra i due più caloroso e confidenziale. Gli anziani diventano "nonno" o "nonna", le signore di mezza età sono spesso "zietta" e gli altri "sorellona" e "fratellone" o "sorellina" e "fratellino".

8.3. Soluzioni

1, I

2, L
3, E
4, B
5, D
6, C
7, F
8, A
9, H
10, G

9. IN COREA SONO PIÙ VECCHIO! – COME CALCOLARE L'ETÀ SECONDO I COREANI

"**Quanti anni hai?**", eccovi la domanda più odiata dalle donne. Nel mondo occidentale l'età è ancora qualcosa di privato, che possiamo tenere per noi. Nel mondo orientale invece tale domanda diventa fatidica: "Quanti anni hai?". Un modo per non chiedere "Come devo chiamarti?", "Quanta formalità devo usare con te?", "Quali libertà posso prendermi e quali mi dipingerebbero come cafone e irrispettoso?".

La domanda "Quanti anni hai?" racchiude tutto questo ed è la primissima cosa che vi sentirete chiedere dopo il nome. Se per caso vi vergognaste un po' della vostra età sappiate che ci sono aspetti positivi e negativi per tutti. Come già accennato, il più "anziano" è sì quello con più anni ed è gradito che offra, ma ha più libertà rispetto a tutti gli altri. Può mettersi a proprio agio, non solo adottando il livello informale del parlato.

È possibile (anche se ovviamente non sempre ben accetto dagli altri), fare battutine, lanciare frecciatine, riprendere qualcuno, fare commenti che altrimenti ci sembrerebbero completamente fuori luogo. Diciamo che avete tutta la libertà di comportarvi come vorreste, sia in bene che in male. Se invece siete i più piccini sarete sicuramente agevolati dalla giovinezza, ma dovrete anche ricevere i commenti, frecciatine, eccetera, non solo dal più vecchio del gruppo, ma da tutti quelli della compagnia. Poi ci sono persone e persone. Non tutti sono uguali: **molti rimangono molto rispettosi e cortesi in tutte le occasioni e trattano le persone della compagnia tutte in ugual maniera**. Almeno ora siete preparati a tutto!

La domanda sulla vostra età può esservi formulata in due maniere diverse: "**Quanti anni hai?**" e "**In che anno sei nato?**".

In questo capitolo vedremo solo la prima domanda, mentre affronteremo l'anno di nascita nel prossimo capitolo. Questo perché in coreano esistono **due sistemi numerici** differenti: il puro coreano e il sino-coreano.

Il **puro coreano** è di derivazione pura coreana, mentre il **sino coreano** proviene dalla lettura dei caratteri cinesi, importati in passato e ora non più usati.

I due sistemi NON sono intercambiabili, ma vengono utilizzati in occasioni ben distinte.

Per le date, come l'anno di nascita, avrete bisogno dei numeri sino-coreani, mentre per contare le cose, come i vostri anni, avrete bisogno dei numeri puro coreani.

La domanda più sentita è "Quanti anni hai?" e pertanto partiremo a studiare i numeri puro-coreani, anche se un po' più complessi rispetto agli altri. La numerazione puro coreana, infatti, vede pronunce più complesse e trova variazioni più ampie rispetto ai sino-coreani. Oltretutto la serie puro coreana arriva solo fino a 99: non esiste una parola per il numero 100! Per questo motivo se abbiamo bisogno di contare numeri più alti di 99 adottiamo senza indugi il sistema sino-coreano.

Partiamo quindi con i diversi modi per esporre la domanda **"Quanti anni hai?"**:

1. **연세가어떻게되세요**?
2. **나이가어떻게되세요**?
3. **몇살이에요**?

Studiamo ora queste forme nello specifico.
Se guardate attentamente le frasi 1 e 2 vedrete che differiscono di una sola parola.

1. 연세가어떻게되세요? "Yōn-sĕ-ga ō-ttō-khĕ tue-sĕ-yŏ"
2. 나이가어떻게되세요? "Na-i-ga ō-ttō-khĕ tue-sĕ-yŏ"

연세 (yōn-sĕ) e 나이 (na-i) hanno lo stesso significato: **età**.

연세 (yōn-sĕ) è la versione particolarmente formale, da usare quando ci riferiamo a superiori o persone anziane. Avrete già notato che in coreano esistono parole molto diverse da quelle standard, da usare in contesti più formali. Non sono tantissime, ma se imparate quelle poche e le usate nelle situazioni richieste riceverete sicuramente grossi complimenti!

Le due frasi hanno una struttura molto formale e non espongono la domanda in maniera diretta, ma ci arrivano facendo "il giro". Vi accorgerete come il formale usi parole più complesse: dei giri di parole che fungono da ammortizzatori per la "brutalità" della domanda. Una traduzione di queste prime due frasi potrebbe infatti essere "Come diventa la sua età?".

Vediamole ora più da vicino:

1. 연세가어떻게되세요? "Yōn-sĕ-ga ō-ttō-khĕ tue-sĕ-yŏ"

Come già visto 연세 (yōn-sĕ) è la parola molto formale per "età". Il –가 a seguire non è altro che la particella del soggetto.

어떻게 (ō-ttō-khĕ) è la parola per "come..?"

어떻게 (ō-ttō-khĕ) viene usato nelle domande, posto dopo il tema/soggetto della frase e prima di tutto il resto. Sarà una parola che vi tornerà molto utile. Prendiamo come esempio una situazione in cui non sapete come fare qualcosa; in questo caso avrete la necessità di chiedere a qualcuno "Come faccio?"

"Come" ora sapete come dirlo e avete già incontrato anche il verbo "fare": 하다

Vi basterà solo coniugare il verbo하다 nella sua forma cortese, diventando così 해요.

Quindi quando sarete in difficoltà vi basterà chiedere "어떻게해요?" ("Come faccio?).

L'ultima parte della frase "연세가어떻게되세요?" è composta dal verbo "되세요".

La forma che termina in –세요 l'abbiamo già trovata in frasi come "안녕하세요", oppure "잘주무세요".

–세요 è la coniugazione del verbo più rispettosa e formale: l'onorifico.

"**연세가어떻게되세요?" è quindi il modo più formale e rispettoso che potreste usare per chiedere l'età.** Viene usato nei confronti dei capi e delle persone di una certa età, per portare da subito rispetto nei confronti dell'esperienza di cui dispongono.

2. 나이가어떻게되세요? "Na-i-ga ō-ttō-khě tue-sě-yŏ"

La versione della frase con 나이 (na-i) al posto di연세 (yōn-sě) viene sempre usata in ambito formale, ma in tutte le occasioni in cui "연세가어떻게되세요?" sembra troppo pomposo. Se dovete portare rispetto ma il nostro interlocutore non ha una posizione così elevata o un'età così avanzata scegliete questa versione.

Prendiamo ora in considerazione l'ultima domanda: "몇살이에요?".

Le prime due domande che abbiamo visto sono molto più ricercate, da usare in ambito lavorativo o in situazioni molto formali.

"몇살이에요?" è invece una versione più "rilassata", usata normalmente nella vita privata quando incontriamo nuovi amici.

In questo caso la traduzione letterale sarebbe "Quanti anni è?": al posto del verbo avere usato in italiano, dobbiamo ricordarci di usare il verbo essere!

몇 = "Quanti"

살 = "Anni"

이다 = verbo essere

-이에요 è la coniugazione cortese (in –요) del verbo essere, come già visto nelle frasi:

저는마르틴이에요

제이름은마르틴이에요

Ora che abbiamo visto e compreso tutte le domande che ci possono essere poste vediamo come rispondervi.

All'inizio vi sarà un po' difficile capire la vostra età e quella dei vostri interlocutori, perché i coreani la calcolano in maniera diversa rispetto a noi.

Noi occidentali facciamo partire il conto degli anni da 0: quando un bambino è appena nato. Pian piano con il tempo quel bambino avrà un mese, due mesi… un anno… due anni…e così via. Con l'arrivo del nostro compleanno contiamo di avere un anno in più: non ci penseremmo mai di aggiungerci un anno d'età prima di tale evento; già solo **festeggiare prima porta sfortuna**.

In Corea, invece, quando un bambino nasce ha un anno, fino alla fine dell'anno stesso. Appena inizierà il nuovo anno con il primo di gennaio quel bambino avrà già due anni, calcolati per tutta la durata di quell'anno fino al 31 dicembre.

All'inizio vi sembrerà molto strano, ma in realtà questa considerazione dell'età è molto logica. **Per i coreani l'età è fondamentale**. Quando ci si conosce bisogna capire se l'interlocutore è nostro coetaneo, più grande o più piccolo di noi. Se usassero il nostro stesso sistema per contare gli anni ci sarebbero delle incomprensioni.

Prendete per esempio due ragazzi nati nello stesso anno, uno a gennaio e l'altro a dicembre; questi due ragazzi si incontrano per la prima volta a maggio: uno ha quindi già compiuto gli anni e l'altro no. Presentandosi di conseguenza sembrerebbe che abbiano un anno di differenza e dovrebbero per forza chiedersi l'anno di nascita per capire che invece sono coetanei.

È come se in Italia quest'anno dovessimo fare diciotto anni e diremmo che abbiamo diciotto anni dal primo di gennaio al 31 di dicembre (e inizieremmo a contare 19 dall'inizio dell'anno prossimo).

Siete confusi? Non riuscite a capire quanti anni avete per i coreani? È molto semplice! Avete già compiuto gli anni quest'anno? Se sì allora aggiungete alla vostra età un solo anno. Se invece non li avete ancora compiuti dovete aggiungerne 2!

A volte gli stranieri non sono a conoscenza di questa parte della cultura e quindi finiscono per dire la loro età effettiva e creare un po' di confusione. I coreani sono pronti a ciò e potrebbero chiedervi conferma attraverso le parole "**한국나이로**?" ("in **età coreana**?).

한국 = "Corea"

나이 = "Età"

한국나이 = "Età coreana", l'età calcolata in Corea

-로 = particella che in questo caso funge da complemento di limitazione

-(으)로 (-으로 dopo consonante e –로 dopo vocale) è una particella che svolge il compito di molti complementi in italiano. È usata soprattutto al posto dei complementi:
-di mezzo o strumento
-di materia
-di modo o maniera
-di moto a luogo (direzione) o di moto per luogo
-di causa efficiente

A volte ha anche il valore di un complemento di origine o provenienza, del complemento di sostituzione (o scambio) e altro ancora!

Si lega sempre ad un nome. Vediamo qualche esempio del suo utilizzo:

Bacchette = 젓가락

Con le bacchette = 젓가락으로

Mangiare = 먹다

Mangiare con le bacchette = 젓가락으로먹다

Mani = 손

Mani vuote = 빈손

A mani vuote = 빈손으로

Andare = 가다

Andare a mani vuote = 빈손으로가다

Mare = 바다

Al mare (*direzione) = 바다로

Andare al mare (*direzione) = 바다로가다

Iniziamo ora ad imparare come rispondere a tutte le domande sulla nostra età partendo dai numeri. Come già detto in questo caso andremo a conoscere i numeri puro coreani.

Di seguito avrete una tabella con tutte le pronunce da 1 a 99. Per il momento non serve che li impariate tutti. Provate a memorizzare i primi 10 (essendo ricorrenti) ed il numero che esprime la vostra età in coreano.

1	하나 (*한) “ha-na” (*han)	21	스물하나 (*스물한) “sŭ-mul-ha-na” (*sŭ-mul-han)
2	둘 (*두) “tul” (*tu)	22	스물둘 (*스물두) “sŭ-mul-tul” (*sŭ-mul-tu)
3	셋 (*세) “sĕt” (*sĕ)	23	스물셋 (*스물세) “sŭ-mul-sĕt” (*sŭ-mul-sĕ)
4	넷 (*네) “nĕt” (*nĕ)	24	스물넷 (*스물네) “sŭ-mul-nĕt” (*sŭ-mul-nĕ)
5	다섯 “ta-sōt”	25	스물다섯 “sŭ-mul-ta-sōt”
6	여섯 “yō-sōt”	26	스물여섯 “sŭ-mul-yō-sōt”
7	일곱 “il-gŏp”	27	스물일곱 “sŭ-mul-il-gŏp”
8	여덟 “yō-dōl”	28	스물여덟 “sŭ-mul-yō-dōl”
9	아홉 “a-hŏp”	29	스물아홉 “sŭ-mul-a-hŏp”
10	열 “yōl”	30	서른 “sō-rŭn”
11	열하나 (*열한) “yōl-ha-na” (*yōl-han)	31	서른하나 (*서른한) “sō-rŭn-ha-na” (*sō-rŭn-han)
12	열둘 (*열두) “yōl-tul” (*yōl-tu)	32	서른둘 (*서른두) “sō-rŭn-tul” (*sō-rŭn-tu)
13	열셋 (*열세) “yōl-sĕt” (*yōl-sĕ)	33	서른셋 (*서른세) “sō-rŭn-sĕt” (*sō-rŭn-sĕ)
14	열넷 (*열네) “yōl-nĕt” (*yōl-nĕ)	34	서른넷 (*서른네) “sō-rŭn-nĕt” (*sō-rŭn-nĕ)
15	열다섯 “yōl-ta-sōt”	35	서른다섯 “sō-rŭn-ta-sōt”
16	열여섯 “yōl-yō-sōt”	36	서른여섯 “sō-rŭn-yō-sōt”
17	열일곱 “yōl-il-gŏp”	37	서른일곱 “sō-rŭn-il-gŏp”
18	열여덟 “yōl-yō-dōl”	38	서른여덟 “sō-rŭn-yō-dōl”
19	열아홉 “yōl-a-hŏp”	39	서른아홉 “sō-rŭn-a-hŏp”

20	스물 (*스무) "sŭ-mul" (*sŭ-mu)	40	마흔 "ma-hŭn"
41	마흔하나 (*마흔한) "ma-hŭn-ha-na" (*ma-hŭn-han)	61	예순하나 (*예순한) "yě-sun-ha-na" (*yě-sun-han)
42	마흔둘 (*마흔두) "ma-hŭn-tul" (*ma-hŭn-tu)	62	예순둘 (*예순두) "yě-sun-tul" (*yě-sun-tu)
43	마흔셋 (*마흔세) "ma-hŭn-sĕt" (*ma-hŭn-sĕ)	63	예순셋 (*예순세) "yě-sun-sĕt" (*yě-sun-sĕ)
44	마흔넷 (*마흔네) "ma-hŭn-nĕt" (*ma-hŭn-nĕ)	64	예순넷 (*예순네) "yě-sun-nĕt" (*yě-sun-nĕ)
45	마흔다섯 "ma-hŭn-ta-sōt"	65	예순다섯 "yě-sun-ta-sōt"
46	마흔여섯 "ma-hŭn-yō-sōt"	66	예순여섯 "yě-sun-yō-sōt"
47	마흔일곱 "ma-hŭn-il-gŏp"	67	예순일곱 "yě-sun-il-gŏp"
48	마흔여덟 "ma-hŭn-yō-dōl"	68	예순여덟 "yě-sun-yō-dōl"
49	마흔아홉 "ma-hŭn-a-hŏp"	69	예순아홉 "yě-sun-a-hŏp"
50	쉰 "shuin"	70	일흔 "il-hŭn"
51	쉰하나 (*쉰한) "shuin-ha-na" (*shuin-han)	71	일흔하나 (*일흔한) "il-hŭn-ha-na" (*il-hŭn-han)
52	쉰둘 (*쉰두) "shuin-tul" (*shuin-tu)	72	일흔둘 (*일흔두) "il-hŭn-tul" (*il-hŭn-tu")
53	쉰셋 (*쉰세) "shuin-sĕt" (*shuin-sĕ)	73	일흔셋 (*일흔세) "il-hŭn-sĕt" (*il-hŭn-sĕ)
54	쉰넷 (*쉰네) "shuin-nĕt" (*shuin-nĕ)	74	일흔넷 (*일흔네) "il-hŭn-nĕt" (*il-hŭn-nĕ)
55	쉰다섯 "shuin-ta-sōt"	75	일흔다섯 "il-hŭn-ta-sōt"
56	쉰여섯 "shuin-yō-sōt"	76	일흔여섯 "il-hŭn-yō-sōt"
57	쉰일곱 "shuin-il-gŏp"	77	일흔일곱 "il-hŭn-il-gŏp"
58	쉰여덟 "shuin-yō-dōl"	78	일흔여덟 "il-hŭn-yō-dōl"

59	쉰아홉 "shuin-a-hŏp"	79	일흔아홉 "il-hŭn-a-hŏp"
60	예순 "yĕ-sun"	80	여든 "yō-dŭn"
81	여든하나 (*여든한) "yō-dŭn-ha-na" (*yō-dŭn-han)	91	아흔하나 (*아흔한) "a-hŭn-ha-na" (*a-hŭn-han)
82	여든둘 (*여든두) "yō-dŭn-tul" (*yō-dŭn-tu)	92	아흔둘 (*아흔두) "a-hŭn-tul" (*a-hŭn-tu)
83	여든셋 (*여든세) "yō-dŭn-sĕt" (*yō-dŭn-sĕ)	93	아흔셋 (*아흔세) "a-hŭn-sĕt" (*a-hŭn-sĕ)
84	여든넷 (*여든네) "yō-dŭn-nĕt" (*yō-dŭn-nĕ)	94	아흔넷 (*아흔네) "a-hŭn-nĕt" (*a-hŭn-nĕ)
85	여든다섯 "yō-dŭn-ta-sōt"	95	아흔다섯 "a-hŭn-ta-sōt"
86	여든여섯 "yō-dŭn-yō-sōt"	96	아흔여섯 "a-hŭn-yō-sōt"
87	여든일곱 "yō-dŭn-il-gŏp"	97	아흔일곱 "a-hŭn-il-gŏp"
88	여든여덟 "yō-dŭn-yō-dōl"	98	아흔여덟 "a-hŭn-yō-dōl"
89	여든아홉 "yō-dŭn-a-hŏp"	99	아흔아홉 "a-hŭn-a-hŏp"
90	아흔 "a-hŭn"	100	–

Come avrete notato nella tabella ci sono dei numeri che hanno tra parentesi una seconda versione. La parola posta all'esterno delle parentesi indica il numero di per sé, mentre quella tra parentesi indica la versione che voi andrete a usare legata ad un "contatore".

I **contatori** indicano che cosa voi state andando a contare. In questo caso si tratta della vostra età. Il contatore sarà quindi la parola 살 ("anni").

Esempio:

32 anni = 서른두살

"Sō-rŭn-tu-sal"

ATTENZIONE!! NON ~~서른둘살~~ ("Sō-rŭn-tul-sal").

Non sono molti i numeri che cambiano: 1, 2, 3, 4 e 20. Ogni volta che dovrete contare qualcosa avrete bisogno di un contatore da porre dopo il numero stesso, il quale in questi casi verrà espresso con la versione tra parentesi.

Vediamo ora la frase completa che andrà a rivelare la nostra età.

"(저는) #살이에요"
"(Ciō-nŭn) #sa-ri-ĕ-yŏ."

Dove andremo a sostituire "#" con un numero.
"저는" è stato indicato tra parentesi perché a volte superfluo.

Eccovi qualche esempio concreto:
"Ho 18 anni"
(저는) 열여덟살이에요
"(Ciō-nŭn) yōl-yō-dōl sa-ri-ĕ-yŏ."

"Ho 20 anni"
(저는) 스무살이에요
"(Ciō-nŭn) sŭ-mu sa-ri-ĕ-yŏ."
"Ho 31 anni"
(저는) 서른한살이에요
"(Ciō-nŭn) sō-rŭn-han sa-ri-ĕ-yŏ."

"Ho 39 anni"
(저는) 서른아홉살이에요
"(Ciō-nŭn) sō-rŭn-a-hŏp sa-ri-ĕ-yŏ."

"Ho 42 anni"
(저는) 마흔두살이에요
"(Ciō-nŭn) ma-hŭn-tu sa-ri-ĕ-yŏ."

"Ho 55 anni"
(저는) 쉰다섯살이에요
"(Ciō-nŭn) shuin-ta-sōt sa-ri-ĕ-yŏ."

9.1. Esercizi

1: Trovate la giusta lettura di questi numeri.
A. 4:
1. 셋
2. 넷

B. 6:
1. 여섯
2. 여덟

C. 10:

1. 열

2. 둘

D. 9:

1. 일곱

2. 아홉

E. 20:

1. 스물

2. 하나

2: Scegliete la giusta traduzione di queste frasi.

A: “Ho 24 anni”

1. (저는) 스물네살이에요

2. (저는) 스물넷살이에요

B: “Ho 60 anni”

1. (저는) 쉰살이에요

2. (저는) 예순살이에요

C: “Ho 11 anni”

1. (저는) 열하나살이에요

2. (저는) 열한살이에요

D: “Ho 35 anni”

1. (저는) 서른다섯살이에요

2. (저는) 마흔다섯살이에요

E: “Ho 99 anni”

1. (저는) 아흔아홉살이에요

2. (저는) 아홉아흔살이에요

9.2. I segreti svelati in questo capitolo

- La domanda "Quanti anni hai?" è una delle più amate in Corea. Non appena conoscerete qualcuno vi verrà formulata questa domanda, per capire che tipo di rapporto può venirsi ad instaurare.

- In coreano ci sono due tipi di numeri: i sino-coreani e i puro-coreani. Queste due serie numeriche vengono usate in situazioni differenti e non vengono mai a sostituirsi.

- L'età viene rivelata attraverso i numeri puro-coreani.

- La serie puro-coreana arriva solamente fino a 99. Per numeri più alti ci si affida alla numerazione sino-coreana. Per questo motivo quando abbiamo numeri molto alti, come date e soldi, possiamo andare sul sicuro ed usare senza esitazione i numeri sino-coreani.

- Molto spesso esistono parole completamente diverse da utilizzare in ambiti molto formali. Tra queste vi è anche 연세, usata al posto di "età" (나이).

- "연세가어떻게되세요?", "나이가어떻게되세요?" e "몇살이에요?" sono le tre domande con cui potrebbero chiedervi la vostra età.

- I verbi che terminano con –세요 sono nella loro forma onorifica.

- In Corea l'età viene calcolata in maniera differente. Se quest'anno avete già fatto gli anni aggiungete una cifra alla vostra età, se invece non li avete ancora compiuti aggiungetene due.

- I coreani sanno che non tutti gli stranieri sono a conoscenza del diverso modo di contare gli anni che hanno adottato e pertanto possono chiedervi nello specifico se quello che avete detto è in "età coreana" ("한국나이로?").

- -(으)로 è la particella con più trasposizioni in italiano; può prendere il posto di complementi di mezzo o strumento, di materia, di modo o maniera, di moto a luogo (o moto per luogo), di causa efficiente e altro ancora! Diventa –으로 dopo consonante e –로 dopo vocale.

- Alcuni numeri puro-coreani variano a seconda se sono letti singolarmente o se vengono uniti ai cosiddetti "contatori" (delle parole che indicano il cosa noi stiamo andando a contare). Quando andiamo a dire la nostra età il contatore da utilizzare è -살 ("anni").

- "(저는) #살이에요" è la frase per esprimere la vostra età, dove # sarà sostituito dal numero che descrive i vostri anni.

9.3. Soluzioni

1)

A, 2 (4 = 넷)

B, 1 (6 = 여섯)

C, 1 (10 = 열)

D, 2 (9 = 아홉)

E, 1 (20 = 스물)

2)
A, 1
"Ho 24 anni" = (저는) 스물네살이에요

B, 2
"Ho 60 anni" = (저는) 예순살이에요

C, 2
"Ho 11 anni" = (저는) 열한살이에요

D, 1
"Ho 35 anni" = (저는) 서른다섯살이에요

E, 1
"Ho 99 anni" = (저는) 아흔아홉살이에요

10. ANCORA NUMERI? – IL MIO ANNO DI NASCITA

Nel capitolo precedente abbiamo studiato i numeri puro-coreani, usati insieme al contatore –**살** per comunicare la nostra età.

Ma i numeri da vedere non sono ancora finiti! Abbiamo anche la seria sino-coreana, con pronunce derivanti dai simboli cinesi usati in passato. Diversamente dalla serie appena vista con questi numeri possiamo contare all'infinito!

Ma in cosa sono davvero diversi questi numeri? Vengono usati in altre occasioni.

Oggi impareremo a dire in che anno siamo nati!

Partiamo sempre prima dalle domande:

언제태어났어요? ("Ōn-jĕ thē-ō-na-ssō-yŏ?")

몇년생이에요? ("Myō-nnyōn-sēng-i-ĕ-yŏ?")

La traduzione è la stessa per entrambe: "**In che anno sei nato?**". La struttura delle due frasi è però un po' diversa. Andiamole ora a studiare nei particolari.

La prima frase "**언제태어났어요**?" ("Ōn-jĕ thē-ō-na-ssō-yŏ?") è composta da solo due parole:

언제 ("ōn-jĕ") = "Quando?"

태어났어요 ("thē-ō-na-ssō-yŏ") = dal verbo 태어나다 ("thē-ō-na-da") "nascere".

La parola "태어났어요" ("thē-ō-na-ssō-yŏ") si ricava in questa maniera:

Prendiamo la radice del verbo "태어나다" ("thē-ō-na-da") eliminando –다 ("ta") alla fine; avremo quindi 태어나- ("thē-ō-na-"). Aggiungiamo –ㅆ ("ss") per indicare il tempo passato e decliniamo il tutto nella forma cortese in –요 ("yŏ").

Abbiamo così la frase "Quando sei nato?".

La seconda frase "몇년생이에요?" ("Myō-nnyōn-sēng-i-ĕ-yŏ?") è impostata in maniera diversa.

몇 ("myōt") l'abbiamo già incontrato in "몇살이에요?" ("Myō-ssa-ri-ĕ-yŏ" = Quanti anni hai?); in italiano trova trasposizioni varie che vanno da "quanto"/"quanti" a "che", "quale" eccetera.

In questo caso몇 ("myōt") diventa "di che"/"di quale".

년생 ("nyōn-sēng") è invece l'anno di nascita: unione delle due parole 년 ("nyōn" = anno) e 생 ("sēng" = nascita).

Il tutto è seguito sempre dal verbo essere 이다 ("i-da").

Quindi la frase "**몇년생이에요**?" ("Myō-nnyōn-sēng-i-ĕ-yŏ?") in italiano diventa "Di che anno (di nascita) sei?"

Alle domande dobbiamo rispondere in maniera diversa, ma per fortuna la risposta riprende la domanda e non sarà difficile per voi ricordarvele e distinguerle!

"언제태어났어요?"
"Ōn-jĕ thē-ō-na-ssō-yŏ?"

"(저는) #년에태어났어요."
"(Ciō-nŭn) #nyō-nĕ thē-ō-na-ssō-yŏ."

Dove andremo a sostituire "#" con il nostro anno di nascita.

년 ("nyōn") come già accennato per년생 ("nyōn-sēng") è la parola per "anno".

-에 è una particella che in questo caso si trova legata alla parola "년"; questa particella è nostra amica, presentandosi in tutti i casi sempre nella stessa forma (non varia quindi in base al nome che trova davanti a sè).

Si tratta di una particella che vi verrà utile molto spesso! È la versione coreana del **complemento di stato in luogo, del complemento di moto a luogo e del complemento di tempo**. In questo caso indica proprio quest'ultimo: il complemento di tempo!

"태어났어요" ("thē-ō-na-ssō-yŏ"), come già studiato per la domanda è "essere nati".

"(저는) #년에태어났어요."
"(Ciō-nŭn) #nyō-nĕ thē-ō-na-ssō-yŏ."
"Sono nato/a nel #"

"몇년생이에요?"
"Myō-nnyōn-sēng-i-ĕ-yŏ?"

"(저는) #년생이에요."
"(Ciō-nŭn) #nyōn-sēng-i-ĕ-yŏ."

La risposta riprende completamente la domanda.

"(저는) #년생이에요."
"(Ciō-nŭn) #nyōn-sēng-i-ĕ-yŏ."
"Sono dell'anno #"

Ora ci mancano solo i numeri sino-coreani!

1	일 "il"	21	이십일 "i-shi-bil"	41	사십일 "sa-shi-bil"
2	이 "i"	22	이십이 "i-shi-bi"	42	사십이 "sa-shi-bi"
3	삼 "sam"	23	이십삼 "i-ship-sam"	43	사십삼 "sa-ship-sam"
4	사 "sa"	24	이십사 "i-ship-sa"	44	사십사 "sa-ship-sa"
5	오 "ŏ"	25	이십오 "i-shi-bŏ"	45	사십오 "sa-shi-bŏ"
6	육 "yuk"	26	이십육 "i-shi-byuk"	46	사십육 "sa-shi-byuk"
7	칠 "hcil"	27	이십칠 "i-ship-hcil"	47	사십칠 "sa-ship-hcil"
8	팔 "phal"	28	이십팔 "i-ship-phal"	48	사십팔 "sa-ship-phal"
9	구 "ku"	29	이십구 "i-ship-gu"	49	사십구 "sa-ship-gu"
10	십 "ship"	30	삼십 "sam-ship"	50	오십 "ŏ-ship"
11	십일 "shi-bil"	31	삼십일 "sam-shi-bil"	51	오십일 "ŏ-shi-bil"
12	십이 "shi-bi"	32	삼십이 "sam-shi-bi"	52	오십이 "ŏ-shi-bi"
13	십삼 "ship-sam"	33	삼십삼 "sam-ship-sam"	53	오십삼 "ŏ-ship-sam"
14	십사 "ship-sa"	34	삼십사 "sam-ship-sa"	54	오십사 "ŏ-ship-sa"
15	십오 "shi-bŏ"	35	삼십오 "sam-shi-bŏ"	55	오십오 "ŏ-shi-bŏ
16	십육 "shi-byuk"	36	삼십육 "sam-shi-byuk"	56	오십육 "ŏ-shi-byuk"
17	십칠 "ship-hcil"	37	삼십칠 "sam-ship-hcil"	57	오십칠 "ŏ-ship-hcil"
18	십팔 "ship-phal"	38	삼십팔 "sam-ship-phal"	58	오십팔 "ŏ-ship-phal"
19	십구 "ship-gu"	39	삼십구 "sam-ship-gu"	59	오십구 "ŏ-ship-gu"

20	이십 "i-ship"	40	사십 "sa-ship"	60	육십 "yuk-ship"
61	육십일 "yuk-shi-bil"	81	팔십일 "phal-shi-bil"	200	이백 "i-bēk"
62	육십이 "yuk-shi-bi"	82	팔십이 "phal-shi-bi"	300	삼백 "sam-bēk"
63	육십삼 "yuk-ship-sam"	83	팔십삼 "phal-ship-sam"	1.000	천 "hciōn"
64	육십사 "yuk-ship-sa"	84	팔십사 "phal-ship-sa"	2.000	이천 "i-hciōn"
65	육십오 "yuk-shi-bŏ"	85	팔십오 "phal-shi-bŏ"	3.000	삼천 "sam-hciōn"
66	육십육 "yuk-shi-byuk"	86	팔십육 "phal-shi-byuk"	10.000	만 "man"
67	육십칠 "yuk-ship-hcil"	87	팔십칠 "phal-ship-hcil"	20.000	이만 "i-man"
68	육십팔 "yuk-ship-phal"	88	팔십팔 "phal-ship-phal"	30.000	삼만 "sam-man"
69	육십구 "yuk-ship-gu"	89	팔십구 "phal-ship-gu"	100.000	십만 "ship-man"
70	칠십 "hcil-ship"	90	구십 "ku-ship"	200.000	이십만 "i-ship-man"
71	칠십일 "hcil-shi-bil"	91	구십일 "ku-shi-bil"	300.000	삼십만 "sam-ship-man"
72	칠십이 "hcil-shi-bi"	92	구십이 "ku-shi-bi"	1.000.000	백만 "pēk-man"
73	칠십삼 "hcil-ship-sam"	93	구십삼 "ku-ship-sam"	2.000.000	이백만 "i-bēk-man"
74	칠십사 "hcil-ship-sa"	94	구십사 "ku-ship-sa"	3.000.000	삼백만 "sam-bēk-man"
75	칠십오 "hcil-shi-bŏ"	95	구십오 "ku-shi-bŏ"	10.000.000	천만 "hciōn-man"
76	칠십육 "hcil-shi-byuk"	96	구십육 "ku-shi-byuk"	20.000.000	이천만 "i-hciōn-man"
77	칠십칠 "hcil-ship-hcil"	97	구십칠 "ku-ship-hcil"	30.000.000	삼천만 "sam-hciōn-man"
78	칠십팔 "hcil-ship-phal"	98	구십팔 "ku-ship-phal"	100.000.000	일억 "i-rōk"

79	칠십구 "hcil-ship-gu"	99	구십구 "ku-ship-gu"	200.000.000	이억 "i-ok"
80	팔십 "phal-ship"	100	백 "pēk"	300.000.000	삼억 "sa-mōk"

Il sistema numerico sino-coreano è molto logico e facile da ricordare!

Per esempio se dovessimo leggere un numero molto alto come 12.953 ci basterebbe **scomporre** tale valore:

10.000 = 만

2.000 = 이천 (2 = 이; 1.000 = 천)

900 = 구백 (9 = 구; 100 = 백)

50 = 오십 (5 = 오; 10 = 십)

3 = 삼

12.953 viene quindi letto 만이천구백오십삼 ("ma-ni-hciōn-gu-bē-gŏ-ship-sam").

Allo stesso modo potrete ricavare la lettura del vostro anno di nascita!

Se ci mettete del tempo a tradurre a mente tali cifre e non riuscite a collegare bene i suoni potete pronunciare il tutto staccato, scandendole bene tutte le parti.

Non siete sicuri sulla lettura? Ecco qui un aiuto:

1900 = 천구백 (letteralmente 1.000 + 9 + 100 "hciōn-gu-bēk")

2000 = 이천 (letteralmente 2 + 1.000 "i-hciōn")

Uno di questi due numeri è sicuramente alla base del vostro anno di nascita; vi basterà aggiungere la parte restante!

Prendiamo come primo esempio le date più semplici, che prevedono l'aggiunta di un solo numero:

2001: 2 (이 = "i") + 1.000 (천 = "hcion") + 1 (일 = "il")

= 이천일 ("i-hciō-nil")

2009: 2 (이 = "i") + 1.000 (천 = "hciōn") + 9 (구 = "ku")

= 이천구 ("i-hciōn-gu")

Se invece dovete aggiungere un numero composto da due cifre dovrete prima scomporlo:

Il vostro anno di nascita è 1963.

Abbiamo già visto che 1900 è천구백 ("hciōn-gu-bēk").

Andremo quindi a scomporre il numero 63: 6 + 10 + 3.

6 = 육 ("iuk")

10 = 십 ("ship")

60 = 육십 ("iuk-ship")

3 = 삼 ("sam")

63 = 육십삼 ("iuk-ship-sam")

1963 = 천+구백+육십+삼 ("hciōn-gu-bē-ghiuk-ship-sam")

Provate ora con la vostra data di nascita!
Non appena sarete sicuri sulla sua lettura potrete inserirla in queste frasi:
"(저는) #년에태어났어요."

"(저는) #년생이에요."

Vediamo qualche esempio completo:
1986
(저는) 1986년에태어났어요

"(저는) 천구백팔십육년에태어났어요"
"(Ciō-nŭn) hciōn-gu-bēk-phal-shi-byuk-nyō-nĕ thē-ō-na-ssō-yŏ"

(저는) 1986년생이에요

"(저는) 천구백팔십육년생이에요"
"(Ciō-nŭn) hciōn-gu-bēk-phal-shi-byuk-nyōn-sēng-i-ĕ-yŏ"

Se preferite potreste anche abbreviare la frase così:
(저는) 86년생이에요

"(저는) 팔십육년생이에요"
"(Ciō-nŭn) phal-shi-byuk-nyōn-sēng-i-ĕ-yŏ"

1995
(저는) 1995년에태어났어요

"(저는) 천구백구십오년에태어났어요"
"(Ciō-nŭn) hciōn-gu-bēk-gu-shi-bŏ-nyō-nĕ thē-ō-na-ssō-yŏ"

(저는) 1995년생이에요

"(저는) 천구백구십오년생이에요"
"(Ciō-nŭn) hciōn-gu-bēk-gu-shi-bŏ-nyōn-sēng-i-ĕ-yŏ"

Oppure…
(저는) 95년생이에요

"(저는) 구십오년생이에요"
"(Ciō-nŭn) ku-shi-bŏ-nyōn-sēng-i-ĕ-yŏ"

1950

(저는) 1950년에태어났어요

"(저는) 천구백오십년에태어났어요"
"(Ciō-nŭn) hciōn-gu-bē-gŏ-ship-nyō-nĕ thē-ō-na-ssō-yŏ"

(저는) 1950년생이에요

"(저는) 천구백오십년생이에요"
"(Ciō-nŭn) hciōn-gu-bē-gŏ-ship-nyōn-sēng-i-ĕ-yŏ"

Oppure…

(저는) 50년생이에요

"(저는) 오십년생이에요"
"(Ciō-nŭn) ŏ-ship-nyōn-sēng-i-ĕ-yŏ"

10.1. Esercizi

1: Aiutandovi con la tabella del capitolo provate a leggere questi numeri:
Esempio: 1954
(1000 + 9 + 100 + 5 + 10 + 4)

천구백오십사

"Hciōn-gu-bē-gŏ-ship-sa"

A) 1958
B) 1962
C) 1973
D) 1976
E) 1984
F) 1988
G) 1991
H) 1997
I) 1999
L) 2005

2: Come rispondereste a queste domande? (Usate l'anno di nascita tra parentesi)

Esempio: 언제태어났어요? (1972)

"(저는) 천구백칠십이년에태어났어요."
"(Ciō-nŭn) hciōn-gu-bēk-hcil-shi-bi nyō-nĕ thē-ō-na-ssō-yŏ."

A) 언제태어났어요? (1977)

B) 언제태어났어요? (1992)

C) 몇년생이에요? (1965)

D) 몇년생이에요? (2004)

10.2. I segreti svelati in questo capitolo

. I numeri sino-coreani derivano dalla lettura dei caratteri cinesi.

. "언제태어났어요?" e "몇년생이에요?" sono le domande che vi possono porre per sapere in che anno siete nati. In questi caso dovrete usare un numero sino-coreano per rispondere.

. "(저는) #년에태어났어요." è la frase più usata per comunicare l'anno di nascita. Ovviamente # deve essere sostituito con l'anno in cui siete nati.

. -에 è la particella che esprime il complemento di stato in luogo, il complemento di moto a luogo e il complemento di tempo. A differenza di molte altre particelle questa non cambia a seconda del nome a cui si lega, ma rimane sempre invariata.

. Un'alternativa a "(저는) #년에태어났어요." è la frase "(저는) #년생이에요." dove # deve essere sempre sostituito dall'anno di nascita.

. I numeri sino-coreani sono molto logici: basta sapere una quindicina di parole e si possono esprimere tutti i numeri all'infinito. Anche i numeri grandi non compongono un problema: basta scomporli in decine! Il numero 20 viene letto come "due-dieci" e 300 come "tre-cento". La stessa regola si applica alle date.

10.3. Soluzioni

1:
A) 1958
천구백오십팔
"Hciōn-gu-bē-gŏ-ship-phal"

B) 1962
천구백육십이
"Hciōn-gu-bē-gyuk-shi-bi"

C) 1973

천구백칠십삼

"Hciōn-gu-bēk-hcil-ship-sam"

D) 1976

천구백칠십육

"Hciōn-gu-bēk-hcil-shi-byuk"

E) 1984

천구백팔십사

"Hciōn-gu-bēk-phal-ship-sa"

F) 1988

천구백팔십팔

"Hciōn-gu-bēk-phal-ship-phal"

G) 1991

천구백구십일

"Hciōn-gu-bēk-ku-shi-bil"

H) 1997

천구백구십칠

"Hciōn-gu-bēk-ku-ship-hcil"

I) 1999

천구백구십구

"Hciōn-gu-bēk-ku-ship-gu"

L) 2005

이천오

"I-hciō-nŏ"

2. A) 언제태어났어요? (1977)

"(저는) 1977년에태어났어요."

"(저는) 천구백칠십칠년에태어났어요"

"(Ciō-nŭn) hciōn-gu-bēk-hcil-ship-hcil nyō-nĕ thē-ō-na-ssō-yŏ"

B) 언제태어났어요? (1992)

"(저는) 1992년에태어났어요."

"(저는) 천구백구십이년에태어났어요"

"(Ciō-nŭn) hciōn-gu-bēk-gu-shi-bi nyō-nĕ thē-ō-na-ssō-yŏ"

C) 몇년생이에요? (1965)

(저는) 1965년생이에요

"(저는) 천구백육십오년생이에요"

"(Ciō-nŭn) hciōn-gu-bē-ghiuk-shi-bŏ nyōn-sēng-i-ĕ-yŏ"

Oppure… (저는) 65년생이에요

"(저는) 육십오년생이에요"

"(Ciō-nŭn) iuk-shi-bŏ nyōn-sēng-i-ĕ-yŏ"

D) 몇년생이에요? (2004)

(저는) 2004년생이에요

"(저는) 이천사년생이에요"

"(Ciō-nŭn) i-hciōn-sa nyōn-sēng-i-ĕ-yŏ"

11. UN CAPITOLO SUI GIORNI IN UN GIORNO – COME DIRE CHE GIORNO È…

Dovete dire che giorno è oggi?
Vi chiedono la vostra data di nascita?
Per queste situazioni la risposta è una: la serie sino-coreana!

I numeri come **일, 이, 삼, 사** che abbiamo visto ieri vi torneranno utili moltissime volte nell'arco di una giornata.

Potreste avere ancora qualche dubbio su quale delle due serie usare in situazioni specifiche. Andiamo subito a vederne qualcuna che potrebbe sorgervi nella vita di tutti i giorni.

Prima di tutto c'è il contare. Abbiamo già detto che se abbiamo degli oggetti da contare dovremo esprimere quel numero con i numeri puro-coreani (하나, 둘, 셋, 넷) seguiti da un contatore. Allo stesso modo se dovete contare fino a tre potete dire "하나…둘…셋"; lo sentirete dire da qualsiasi coreano in procinto di scattare una foto a qualcuno.

Ci sono altre situazioni in cui invece i numeri sino-coreani (일, 이, 삼, 사) hanno la meglio.

In matematica si usano numeri molto superiori a 99 e per questo si è deciso di adottare unicamente la serie sino-coreana.

Esempio: "2 + 4 = 6" viene letto
이더하기사는육"
"I tō-ha-ghi sa-nŭn iuk"

Dove:
이 = 2
사 = 4
육 = 6
더하기 = "la somma"

[더하- è la radice del verbo 더하다 ("sommare") unito con la particella –기 già incontrata in "한글을배우기는힘들지않나" che indica la nominalizzazione di un verbo, ovvero trasforma un verbo in nome]

는 = è la già incontrata particella del tema (은/는)

Lo stesso ragionamento vale con un elenco numerato: il punto 1 verrà letto "일", il punto 2 "이" e così via.

Passiamo ora ai giorni e nello specifico a… oggi!
오늘며칠이에요?

"Ŏ-nŭl myō-hci-ri-ĕ-yŏ?"
"Oggi che giorno è?"

Mi raccomando, attenzione allo spelling di 며칠!

La pronuncia proviene da 몇 (myōt = "che") e 일 (il = "giorno") a formare insieme 몇일 (myō-hcil = "che giorno"), ma lo spelling è stranamente diventato 며칠 (myō-hcil).

며칠이에요? è quindi letteralmente "che giorno è?".

오늘 (ŏ-nŭl) invece è la parola per "oggi".

Per rispondere abbiamo bisogno di queste parole:
년 (nyōn) = anno
월 (uōl) = mese
일 (il) = giorno

I mesi si indicano attraverso i numeri a cui corrispondono seguiti dalla parola 월; avremo quindi:

1	Gennaio	Il primo mese	일 + 월	일월	"i-ruōl"
2	Febbraio	Il secondo mese	이 + 월	이월	"i-uōl"
3	Marzo	Il terzo mese	삼 + 월	삼월	"sa-muōl"
4	Aprile	Il quarto mese	사 + 월	사월	"sa-uōl"
5	Maggio	Il quinto mese	오 + 월	오월	"ŏ-uōl"
6	Giugno	Il sesto mese	육 + 월	**유월**	"iu-uōl"
7	Luglio	Il settimo mese	칠 + 월	칠월	"hci-ruōl"
8	Agosto	L'ottavo mese	팔 + 월	팔월	"pha-ruōl"
9	Settembre	Il nono mese	구 + 월	구월	"gu-uōl"
10	Ottobre	Il decimo mese	십 + 월	**시월**	"shi-uōl"
11	Novembre	L'undicesimo mese	십일 + 월	십일월	"shi-bi-ruōl"
12	Dicembre	Il dodicesimo mese	십이 + 월	십이월	"shi-bi-uōl"

Solamente giugno (유월) e ottobre (시월) hanno subìto una perdita di consonante e pertanto la lettura è leggermente diversa da quella che ci saremmo aspettati. La loro pronuncia però viene così molto più facile, non è vero?

Per il numero dei giorni basta seguire la stessa procedura: numero + 일. Questa volta niente preoccupazioni! Non abbiamo cambiamenti di pronuncia in nessun caso.

Il giorno 1 del mese	일일	"i-ril"
Il giorno 2 del mese	이일	"i-il"
Il giorno 3 del mese	삼일	"sa-mil"
Il giorno 4 del mese	사일	"sa-il"
Il giorno 5 del mese	오일	"ŏ-il"
Il giorno 6 del mese	육일	"iu-ghil"
Il giorno 7 del mese	칠일	"hci-ril"
Il giorno 8 del mese	팔일	"pha-ril"
Il giorno 9 del mese	구일	"gu-il"
Il giorno 10 del mese	십일	"shi-bil"
Il giorno 11 del mese	십일일	"shi-bi-ril"
Il giorno 12 del mese	십이일	"shi-bi-il"
Il giorno 13 del mese	십삼일	"ship-sa-mil"
Il giorno 14 del mese	십사일	"ship-sa-il"
Il giorno 15 del mese	십오일	"shi-bŏ-il"
Il giorno 16 del mese	십육일	"shi-biu-ghil"
Il giorno 17 del mese	십칠일	"ship-hci-ril"
Il giorno 18 del mese	십팔일	"ship-pha-ril"
Il giorno 19 del mese	십구일	"ship-gu-il"
Il giorno 20 del mese	이십일	"i-shi-bil"
Il giorno 21 del mese	이십일일	"i-shi-bi-ril"
Il giorno 22 del mese	이십이일	"i-shi-bi-il"
Il giorno 23 del mese	이십삼일	"i-ship-sa-mil"
Il giorno 24 del mese	이십사일	"i-ship-sa-il"
Il giorno 25 del mese	이십오일	"i-shi-bŏ-il"
Il giorno 26 del mese	이십육일	"i-shi-biu-ghil"
Il giorno 27 del mese	이십칠일	"i-ship-hci-ril"
Il giorno 28 del mese	이십팔일	"i-ship-pha-ril"
Il giorno 29 del mese	이십구일	"i-ship-gu-il"

Il giorno 30 del mese	삼십일	"sam-shi-bil"
Il giorno 31 del mese	삼십일일	"sam-shi-bi-ril"

Quindi se oggi fosse il 18 Aprile 2016 (18/04/16) diremmo:

오늘은 2016년 4월 18일이에요.

"오늘은이천십육년사월십팔일이에요."

"Ŏ-nŭ-rŭn i-hciōn-shi-biuk-nyōn sa-uōl ship-pha-ri-ri-ĕ-yŏ."

Anche se in quasi tutti i casi quando ci viene posta la domanda 오늘며칠이에요? ("Ŏ-nŭl myō-hci-ri-ĕ-yŏ?") basta rispondere:

오늘은 18일이에요.

"오늘은십팔일이에요."

"Ŏ-nŭ-rŭn ship-pha-ri-ri-ĕ-yŏ."

Questo perché è difficile che qualcuno non sappia già che anno e mese sia.
La struttura completa viene invece usata in questo tipo di frase:

1990년 12월 25일에태어났어요.

"천구백구십년십이월이십오일에태어났어요."

"Hciōn-gu-bēk-gu-ship-nyōn shi-bi-uōl i-shi-bŏ-i-rĕ thē-ō-na-ssō-yŏ."
"Sono nato il 25 dicembre 1990."

Può essere usato anche in terza persona: "È nato il 25 dicembre 1990."

Se stessimo parlando del nostro **compleanno** risulterebbe più normale omettere l'anno di nascita:

6월 27일은제생일이에요.

"유월이십칠일은제생일이에요."

"Iu-uōl i-ship-hci-ri-rŭn cĕ sēng-i-ri-ĕ-yŏ."
"Il 27 Giugno è il mio compleanno".

Con제 (cĕ) = "il mio" e 생일 (sēng-il) = "compleanno"

생일은언제예요?

"Sēng-i-rŭn ōn-jĕ-yĕ-yŏ?"
"Quand'è il tuo compleanno?"

(제생일은) 5월3일이에요.

"(제생일은) 오월삼일이에요."

"(Cĕ sēng-i-rŭn) ŏ-uōl sa-mi-ri-ĕ-yŏ."
"(Il mio compleanno) è il 3 Maggio."

Ma oggi…che giorno della settimana è?

In coreano hanno una frase completamente diversa per chiedere il giorno della settimana e non il numero! Non potete, così, rischiare di rispondere sbagliato al vostro interlocutore!

무슨요일이에요?

"Mu-sŭn yŏ-i-ri-ĕ-yŏ?"

Dove무슨 ("mu-sŭn") = "che/che tipo" e 요일 ("yŏ-il") = "giorno della settimana"

I giorni della settimana non derivano dai numeri, ma dai caratteri cinesi degli elementi.

Lunedì	월요일	Uō-ryŏ-il	Il giorno della luna
Martedì	화요일	Hua-yŏ-il	Il giorno del fuoco
Mercoledì	수요일	Su-yŏ-il	Il giorno dell'acqua
Giovedì	목요일	Mŏ-ghiŏ-il	Il giorno dell'albero
Venerdì	금요일	Kŭ-myŏ-il	Il giorno dell'oro
Sabato	토요일	Thŏ-yŏ-il	Il giorno della terra
Domenica	일요일	I-ryŏ-il	Il giorno del sole

무슨요일이에요?

"Mu-sŭn yŏ-i-ri-ĕ-yŏ?"

"Che giorno della settimana è?"

오늘은월요일이에요.

"Ŏ-nŭ-rŭn uō-ryŏ-i-ri-ĕ-yŏ."

"Oggi è lunedì."

오늘은수요일이에요.

"Ŏ-nŭ-rŭn su-yŏ-i-ri-ĕ-yŏ."

"Oggi è mercoledì."

오늘은토요일이에요.

"Ŏ-nŭ-rŭn thŏ-yŏ-i-ri-ĕ-yŏ."

"Oggi è sabato."

11.1. Esercizi

1: Scegliete la risposta più appropriata per queste frasi:

A) 오늘며칠이에요?

1. 오늘은 12일이에요
2. 오늘은목요일이에요

B) 무슨요일이에요?

1. 오늘은 31일이에요
2. 오늘은일요일이에요

C) 생일은언제예요?

1. 제생일은 1990년 7월 1일이에요
2. 제생일은 7월 1일이에요

2: Trovate la giusta traduzione di questi termini.

A) 오늘:

1. Oggi
2. Giorno

B) 시월:

1. Giugno
2. Ottobre

C) 며칠:

1. Che giorno
2. Giorno della settimana

D) Il ventuno del mese:

1. 이십일
2. 이십일일

E) Settembre:

1. 구일
2. 구월

3: Riuscite a riconoscere questi giorni della settimana?

A) 화요일:

1. Martedì
2. Mercoledì

B) 일요일:

1. Domenica
2. Lunedì

C) 토요일:
1. Venerdì
2. Sabato

D) Giovedì:
1. 목요일
2. 금요일

E) Mercoledì:
1. 월요일
2. 수요일

11.2. I segreti svelati in questo capitolo

- "오늘며칠이에요?" è la domanda per sapere che giorno del mese è oggi. Per saper dire che giorno del mese è non dobbiamo conoscere solamente la serie sino-coreana, ma dobbiamo conoscere anche le parole "anno" 년, "mese" 월 e "giorno" 일.

- I mesi vengono letteralmente contati da 1 a 12. Gennaio diventa così il "mese uno", fino a dicembre, il "mese dodici". Solamente giugno (유월) e ottobre (시월) vengono letti in maniera leggermente diversa.

- Anche i giorni vengono contati da 1 a 31, seguiti dal contatore per i giorni (일).

- Per leggere una data andremo a dire prima l'anno (se necessario) e successivamente mese e giorno: esattamente l'ordine contrario in cui scriviamo noi le date. Non dimenticatevi dei contatori "anno", "mese" e "giorno" dopo i diversi numeri!

- Se dite mese e giorno e vi aggiungete "은제생일이에요" potete dire che giorno è il vostro compleanno!

- "생일은언제예요?" è la domanda per chiedere il giorno del compleanno, mentre "(제생일은) #월 #일이에요" è la risposta, dove il primo # deve essere sostituito con il numero del mese e il secondo # dal numero del giorno.

- I giorni della settimana sono più difficili da memorizzare e derivano dagli elementi della natura.

- “무슨요일이에요?” è la frase specifica per sapere che giorno della settimana è. “오늘은___이에요” è invece la struttura della frase usata per la risposta.

11.3. Soluzioni

1)
A, 1
“오늘며칠이에요?”
“오늘은 12일이에요.”

B, 2
“무슨요일이에요?”
“오늘은일요일이에요.”

C, 2
“생일은언제예요?”
“제생일은 7월 1일이에요.”

2)
A, 1
오늘: Oggi

B, 2
시월: Ottobre

C, 1
며칠: Che giorno

D, 2
Il ventuno del mese: 이십일일

E, 2
Settembre: 구월

3)
A, 1

화요일: Martedì

B, 1
일요일: Domenica

C, 2
토요일: Sabato

D, 1
Giovedì: 목요일

E, 2
Mercoledì: 수요일

12. ALLE 8 OFFRIMI LA CENA! – COME ESPRIMERE LASSI DI TEMPO E CHIEDERE FAVORI

Siete appena andati in vacanza e non vedete l'ora di dirlo ai vostri amici?

Avete già imparato a dire tutti i giorni del mese e della settimana e finalmente non vedete l'ora di sfoggiare il frutto del vostro studio con la frase "sono andato all'estero per tre giorni"? … però qualcosa non torna…

"**3일에해외에갔어요**."
"Sa-mi-rĕ hē-ue-ĕ ka-ssō-yŏ."
"Il tre del mese sono andato all'estero."

삼 = tre, 일 = giorno, ma삼일 non sono "tre giorni"!

E allora come esprimere la durata di uno, due, tre giorni eccetera?

Per esprimere un periodo di tempo prolungato i termini da usare variano leggermente e vedremo ora uno alla volta tutti i casi!

I giorni sono i più difficili da ricordare poiché ci sono espressioni specifiche con pronunce molto divergenti:

하루	"ha-ru"	Un giorno
이틀	"i-thŭl"	Due giorni
사흘	"sa-hŭl"	Tre giorni
나흘	"na-hŭl"	Quattro giorni
닷새	"ta-ssē"	Cinque giorni
엿새	"yō-ssē"	Sei giorni
이레	"i-rĕ"	Sette giorni
여드레	"yō-dŭ-rĕ"	Otto giorni
아흐레	"a-hŭ-rĕ"	Nove giorni
열흘	"yō-rŭl"	Dieci giorni
열하루	"yōl-ha-ru"	Undici giorni

…e così via con la stessa logica dei numeri puro-coreani.

I primi due (하루 e 이틀) vengono usati sempre, mentre più aumenta il numero dei giorni più il termine è meno usato dai coreani stessi.

Con il tempo ho scoperto che non solo non ne fanno uso, ma molti non conoscono proprio tali termini, non avendoli mai sentiti da tanto sono inusuali. Dal terzo giorno in poi utilizzano la parola 일 ("il", giorno), ma seguita da 동안 ("tŏng-an") che porta il significato "per la durata di…".

3일동안

"Sa-mil tŏng-an"
"Per la durata di tre giorni."

5일동안
"Ŏ-il tŏng-an"
"Per cinque giorni."

Arrivati a sette giorni abbiamo una **settimana**: **주일** ("ciu-il")

일주일
"il-ju-il", una settimana

이주일
"i-ju-il", due settimane

삼주일
"sam-ju-il", tre settimane

Con quattro settimane si arriva ad un **mese** e in questo caso dovete decidere se usare la serie numerica puro-coreana o sino-coreana.

Con la serie **puro-coreana** avremo:

한달 (한 + 달)
"han-dal", un mese
한달동안 = per un mese

두달 (두 + 달)
"tu-dal", due mesi
두달동안 = per due mesi

세달 (세 + 달)
"sĕ-dal", tre mesi
세달동안 = per tre mesi

Con: 달 come contatore dei mesi.

Altrimenti potete usare i numeri sino-**coreani**:

일개월 (일 + 개월)
"il-ghē-uōl", un mese
일개월동안 = per un mese

이개월 (이 + 개월)
"i-ghē-uōl", due mesi

이개월동안 = per due mesi

삼개월 (삼 + 개월)
"sam-ghē-uōl", tre mesi
삼개월동안 = per tre mesi

육개월 (육 + 개월)
"yu-kkē-uōl", sei mesi
육개월동안 = per sei mesi

Un anno: 1년 ("il-lyōn")

Per un anno: 1년동안 ("il-lyōn tŏng-an")

Altre parole che potrebbero tornarvi utili sono:

어제 = ieri

오늘 = oggi

내일 = domani

매일 = tutti i giorni

어제바다에갔어요.
"Ō-jĕ pa-da-ĕ ka-ssō-yŏ."
"Ieri sono andato al mare."

오늘친구를만났어요.
"Ŏ-nŭl hcin-gu-rŭl man-na-ssō-yŏ."
"Oggi mi sono incontrato con gli amici."

내일학교에가요.
"Nē-il hak-kyŏ-ĕ ka-yŏ."
"Domani vado a scuola."

매일공부를해요.
"Mē-il kŏng-bu-rŭl hē-yŏ."
"Studio tutti i giorni."

Come 매일 (매 + 일, "mē-il") vuol dire "tutti i giorni", 매달 (매 + 달, "mē-dal") vuol dire "tutti i mesi".

–전 legato ad altre parole significa "prima"

5일전 ("ŏ-il ciōn"), cinque giorni prima/cinque giorni fa

Al contrario –후 legato ad altre parole prende il significato di "dopo"

5일후 ("ŏ-il hu"), cinque giorni dopo/tra cinque giorni

Lo stesso vale con tutte le altre parole, per esempio:

3주일전 ("sam-ju-il ciōn"), tre settimane prima/tre settimane fa

2년후 ("i-nyōn hu"), due anni dopo/tra due anni

"우리 7년전에처음만났어요."
"U-ri hcil-lyōn ciō-nĕ hciō-ŭm man-na-ssō-yŏ."
"Noi ci siamo incontrati per la prima volta 7 anni fa."

Con:

우리 ("u-ri") = noi

에 = particella del complemento di tempo

처음 ("hciō-ŭm") = per la prima volta

Da –전 e –후 ricaviamo anche queste due parole:

오전 ("ŏ-jōn") = prima di pranzo

오후 ("ŏ-hu") = dopo pranzo

오후에친구를만났어요.
"Ŏ-hu-ĕ hcin-gu-rŭl man-na-ssō-yŏ."
"Mi sono incontrato con gli amici prima di pranzo."

Poi abbiamo le seguenti parole, che non solo indicano una parte della giornata, ma anche il pasto che viene consumato in tale momento:

아침 ("a-hcim") = mattina/colazione

저녁 ("ciō-nyōk") = sera/cena

Poi possiamo trovare anche:

점심 ("ciōm-shim") = pranzo

밤 ("pam") = notte

때 ("ttē") è la parola per "tempo"/"periodo"

크리스마스 ("Khŭ-ri-sŭ-ma-sŭ") = natale (dall'inglese "Christmas")

크리스마스때 ("Khŭ-ri-sŭ-ma-sŭ-ttē") = periodo di natale

Allo stesso modo: 점심때 ("ciōm-shim-ttē") = ora di pranzo

점심때도공부를해요.
"Ciōm-shim-ttē-dŏ kŏm-bu-rŭl hē-yŏ."

"Studio anche a ora di pranzo."

지난주 ("ci-nan-ju") = la scorsa settimana

Da 지난 (scorso) e 주 di 주일 (settimana)

다음주 ("ta-ŭm") = la prossima settimana

Da 다음 (prossimo) e 주 di 주일 (settimana)

지난주한국음식을먹었어요.
"Ci-nan-ju han-gu-gŭm-shi-gŭl mō-gō-ssō-yŏ."
"La settimana scorsa ho mangiato cibo coreano."

Con:

한국 ("han-guk") = Corea

음식 ("ŭm-shik") = cibo/cucina

한국음식 ("han-gu-gŭm-shik") = cibo/cucina coreana

Infine abbiamo gli anni:

작년 ("ciang-nyō") = l'anno scorso

올해 ("ŏ-rē") = quest'anno

내년 ("nē-nyōn") = l'anno prossimo

L'unica cosa che non abbiamo ancora visto è come dire l'ora!

C'è molta differenza d'orario tra Italia e Corea ma bisogna stare attenti al periodo dell'anno in cui siamo! In Corea infatti non esiste l'ora solare e quando in Italia spostiamo l'orologio indietro di un'ora la differenza tra i due orari cambia dalle sette ore classiche ad otto.

Andiamo ora a vedere come comunicare l'orario; in questo caso abbiamo bisogno dei puro-coreani e 시 ("shi") funge da contatore per le ore.

1시 (한시)	"han-shi"	L'una
2시 (두시)	"tu-shi"	Le due
3시 (세시)	"sĕ-shi"	Le tre
4시 (네시)	"nĕ-shi"	Le quattro
5시 (다섯시)	"ta-sō-sshi"	Le cinque
6시 (여섯시)	"yō-sō-sshi"	Le sei
7시(일곱시)	"il-gŏp-sshi"	Le sette
8시 (여덟시)	"yō-dōl-sshi"	Le otto

9시 (아홉시)	"a-hŏp-sshi"	Le nove
10 (열시)	"yōl-sshi"	Le dieci
11 (열한시)	"yōl-han-shi"	Le undici
12 (열두시)	"yōl-tu-shi"	Le dodici

Le ore in coreano arrivano solo fino a 12. Per distinguere la mattina dal pomeriggio si fa uso dei due termini **오전** e **오후**.

오전 7시
"Ŏ-jōn il-gŏp-sshi", le sette di mattina

오후 4시
"Ŏ-hu nĕ-shi", le quattro di pomeriggio

Se l'orario va dall'una di notte fino alle 4 si preferisce usare il termine새벽 ("sē-byōk") piuttosto che오전 ("ŏ-jōn").

새벽 1시 ("sē-byōk han-shi") = l'una di notte

몇시에요?
"Myō-sshi-yĕ-yŏ?"
"Che ora è?"

9시 17분이에요.
"Ku-shi ship-hcil-bu-ni-ĕ-yŏ."
"Sono le 9 e 17 minuti."

분 ("pun") è il contatore da usare per i **minuti**; per dire "**e mezza**" abbiamo invece **반** ("pan").

"30 minuti"
"30분 (삼십분)"
"Sam-ship pun"

"2 e mezza"
"2시반 (두시반)"
"Tu-shi-ban"

어제몇시에집에돌아갔어요?
"Ō-jĕ myō-sshi-ĕ ci-bĕ tŏ-ra-ga-ssō-yŏ?"
"Ieri a che ora sei tornato a casa?"

새벽 3시에집에돌아갔어요.
"Sē-byōk sĕ-shi-ĕ ci-bĕ tŏ-ra-ga-ssō-yŏ."

"Ieri sono ritornato a casa alle 3 di mattina."
Con:

어제 ("ō-jĕ") = ieri

집 ("cip") = casa

돌아가다 ("tŏ-ra-ga-ssō-yŏ") = ritornare

Per esprimere un lasso di tempo di qualche ora dovremo usare 시간 ("shi-gan").

1시간반동안기다렸어요.
"Han-shi-gan-ban tŏng-an ki-da-ryō-ssō-yŏ."
"Ho aspettato per un'ora e mezza."

15분기다려주세요.
"Shi-bŏ-bun ki-da-ryō-ju-sĕ-yŏ."
"Aspettami 15 minuti."

기다려요 è la forma cortese del verbo 기다리다 ("ki-da-ri-da"): "aspettare".

기다려주세요 vede l'unione di기다리다 ("ki-da-ri-da") e 주다 ("ciu-da").

기다려주세요 si ricava togliendo –요 da 기다려요 (avremo così il verbo già coniugato) e applicandovi 주다 nella sua forma onorifica (주세요, "ciu-sĕ-yŏ").

Questa forma grammaticale viene usata per chiedere un favore nei nostri confronti.

"15분기다리세요." vuol dire "attenda 15 minuti", mentre il verbo 기다려주다 in 기다려주세요 aggiunge la sfumatura del "fare ciò a causa nostra" o "fare ciò nei nostri confronti".

Un altro esempio potrebbe essere quello del verbo "aiutare": se dovessimo chiedere aiuto non useremmo la semplice forma cortese 도와요 ("tŏ-ua-yŏ"), ma andremmo ad usare la struttura 도와+주다.

도와주세요 ("tŏ-ua-ju-sĕ-yŏ")

Abbiamo anche il verbo "comprare" che può tornarvi spesso utile.

사다 ("sa-da") = comprare

사주세요 ("sa-da-ju-sĕ-yŏ") = comprami

밥을사주세요.
"Pa-bŭl sa-ju-sĕ-yŏ."
"Offrimi da mangiare."

Anche se in italiano suona molto male la frase "밥을사주세요" rimane formale e viene usata dai coreani tutti i giorni. Non serve infatti un'occasione speciale per offrire o farsi offrire da mangiare. Anzi, è molto strano se ciò non accadesse. **In Corea non c'è l'idea dell'"ognuno paga il suo": c'è sempre una persona che paga per tutti.**

Di solito questa figura è il più "anziano" del gruppo; altre volte una persona offre una volta e gli altri pagano le volte successive. È un elemento della loro cultura a cui sono molto legati e che comprende molti aspetti della giornata. Non solo si ha piacere nell'offrire qualcosa, si ha anche piacere nel rispondere alla cortesia.

Quando viene offerto qualcosa si ringrazia donando altro in cambio.

Così anche quando invitano qualcuno a casa si preoccupano di offrire tutti gli agi e le comodità. Cucinano come per il banchetto di un re, porgono dolci o frutta (in Corea sono spesso cari) o qualsiasi altra cosa di cui l'ospite possa aver bisogno.

Per questo motivo gli invitati non arrivano mai a mani vuote, ma portano sempre un dono in cambio dell'ospitalità. Il dono consiste perlopiù di dolci o frutta.

Se la casa è appena acquistata e la si visita per la prima volta c'è l'usanza di donare carta igienica o detersivo per capi come segno di ricchezza e prosperità.

Non prendetevela se vi capita di fare un regalo e il ricevente non si degna nemmeno di aprirlo! Non è perché non sia interessato… è perché si pensa non sia educato aprire un regalo di fronte a chi ce l'ha donato.

Ci sono moltissime regole legate ai doni e alla cortesia. Un altro particolare di cui non ci si deve dimenticare è il modo in cui porgiamo i doni che facciamo. **Non è ritenuto educato porgere oggetti con una sola mano**: dobbiamo utilizzare entrambe le mani (e, se ve lo sentite, accennate un piccolo inchino).

Anche quando stringete la mano o versate da bere dovete per forza usare una sola mano, ma questa viene accompagnata anche dalla sinistra: questa si appoggia sotto il gomito del braccio destro, dedicato all'azione che volete compiere.

12.1. Esercizi

1: Scegli la giusta traduzione per le seguenti parole.

A) 2 giorni:

1. 하루

2. 이틀

B) 4 giorni:

1. 4일

2. 4일동안

C) 3 settimane:

1. 삼주일

2. 세주일

D) Per 5 settimane:

1. 오주동안

2. 오주일동안

E) Tutti i mesi:

1. 매달

2. 매개월

F) 3 mesi:

1. 세개월

2. 삼개월

G) 5 mesi:

1. 다섯달

2. 오달

H) Domani:

1. 내일

2. 매일

I) 10 anni fa:

1. 10년전

2. 10년후

L) 4 di pomeriggio:

1. 오후네시

2. 오전네시

M) 2 di notte:

1. 새벽두시

2. 아침두시

N) 저녁때:

1. Ora di cena
2. Ora di pranzo

O) 다음주:

1. Settimana scorsa
2. Settimana prossima

P) 내년:

1. Quest'anno
2. L'anno prossimo

Q) 열시:
1. Le 10
2. Le 11

R) 몇시예요?:
1. "Per quanto tempo…?"
2. "Che ora è?"

S) Le 6 e 13 minuti:
1. 6시 13반
2. 6시 13분

12.2. I segreti svelati in questo capitolo

- Bisogna fare attenzione alle piccole sfumature quando parliamo di giorni: "3일" è il terzo giorno del mese, che non comprende il significato di "tre giorni".
- Ci sono parole specifiche per definire la durata di un giorno, due giorni, etc. Ma queste parole sono spesso sconosciute anche ai madrelingua. 하루 e 이틀 sono usati sempre, mentre gli altri termini sono più obsoleti più aumenta il numero dei giorni che descrivono.
- Alle parole per la durata dei giorni si sostituiscono i numeri sino-coreani seguiti da "일" (come per dire il numero del giorno nel mese) e da 동안.
- La settimana è 주일 (1주일동안).
- Possiamo esprimere i mesi in due maniere diverse, decidendo di usare i numeri sino-coreani o quelli puro-coreani. Con la serie puro coreana abbiamo 한달 (한달동안), 두달 (두달동안), etc; i sino-coreani diventano 일개월 (일개월동안), 이개월 (이개월동안), etc.
- Un anno è 1년 (1년동안).
- –전 indica il "prima", mentre –후 il dopo. Così 오전 e 오후 definiscono il "prima di pranzo" e il "dopo-pranzo".
- 때 si lega a parole che definiscono un periodo specifico dell'anno o della giornata e insieme indicano quel momento in particolare.

- L'ora si esprimere con i numeri puro-coreani seguiti dal contatore 시.

- In Corea le ore non vanno da 1 a 24 come in Italia, ma fanno due giri da 1 a 12. Per differenziare il mattino dal pomeriggio si utilizzano 오전 e 오후 prima di fornire l'orario esatto. Se sono ore improbabili della mattina (di solito da l'una alle 4) si preferisce il termine 새벽.

- "몇시예요?" è la domanda per chiedere l'orario a qualcuno.

- 분 è il contatore per i minuti. Non confondetevi con 반, che scritto dopo l'orario indica la "mezz'ora".

- Per esprimere il lasso di tempo di qualche ora usiamo il contatore 시간 e per porre l'accento sulla durata di tutto il periodo possiamo ulteriormente aggiungere anche 동안.

- 주다, se prende il posto di –요 nella coniugazione di un verbo, viene usato per chiedere favori nei nostri confronti. Il favore che andiamo a chiedere è proprio il verbo a cui 주다 è legato.

12.3. Soluzioni

1)
A, 2 (2 giorni: 이틀)
B, 2 (4 giorni: 4일동안)
C, 1 (3 settimane: 삼주일)
D, 2 (Per 5 settimane: 오주일동안)
E, 1 (Tutti i mesi: 매달)
F, 2 (3 mesi: 삼개월)
G, 1 (5 mesi: 다섯달)
H, 1 (Domani: 내일)
I, 1 (10 anni fa: 10년전)
L, 1 (4 di pomeriggio: 오후네시)
M, 1 (2 di notte: 새벽두시)
N, 1 (저녁때: Ora di cena)

O, 2 (다음주: Settimana prossima)

P, 2 (내년: L'anno prossimo)

Q, 1 (열시: Le 10)

R, 2 (몇시예요?: "Che ora è?")

S, 2 (Le 6 e 13 minuti: 6시 13분)

13. AIUTO! HO UN APPUNTAMENTO MA NON HO CAPITO DOVE E QUANDO!

Tutti i giorni prendiamo appuntamenti; a volte succede per lavoro e altre per uscire con gli amici nel nostro tempo libero.

Ma come invitiamo qualcuno a uscire con noi?

Oggi vedremo tutto il necessario per proporre o accettare un'uscita.

Prima di tutto dobbiamo differenziare un appuntamento classico da un appuntamento romantico.

Un qualsiasi appuntamento, che può essere di lavoro, per una visita o anche solo una piccola commissione da svolgere, in coreano è **약속** (yak-sŏk).

È molto carino il motivo per cui si usa questa parola, il cui significato originale sarebbe "**promessa**".

Il verbo **약속하다** "yak-sŏ-kha-da" vuol dire infatti "promettere".

*Il verbo **하다** ("ha-da", fare) già incontrato più volte è fondamentale in coreano, perché trasforma un nome in verbo. Per fare ciò basta aggiungere **하다** ("ha-da") alla parola, come abbiamo appena fatto con **약속**.

Altri esempi possono essere:

말 ("mal") = "parola"; 말하다 ("ma-ra-da") = "parlare/dire"

질문 ("cil-mun") = "domanda"; 질문하다 ("cil-mun-ha-da") = "domandare"

대답 ("tē-dap") = "risposta" = 대답하다 ("tē-da-pha-da") = "rispondere"

Ritornando a 약속, quando prendiamo un appuntamento con qualcuno vi è un accordo per cui ci si ritroverà entrambi ad una certa ora in un dato luogo: **è una piccola promessa che entrambi si impegnano a mantenere e rispettare**.

Pertanto se avete una appuntamento, in coreano "**avete una promessa**".

Il verbo da usare con questa parola è proprio il verbo avere: **있다** (it-ta) e **없다** (ōb-ta).

있다 (it-ta) è propriamente il verbo avere, mentre 없다 (ōb-ta) è la sua negazione "non avere", "non ho".

Questi due verbi vogliono sempre la particella del soggetto prima di loro, qualunque sia la situazione in cui è richiesta la loro presenza.

Avremo quindi: **약속이있다** "**avere un appuntamento**", "**avere un impegno**".

Dove 이 è appunto la particella del soggetto (이/가).

"**약속이있어요**?"

"Yak-sŏ-ghi i-ssō-yŏ?"

"Hai impegni?" / "Sei impegnato?"

"**네, 약속이있어요**."

"Nĕ, yak-sŏ-ghi i-ssō-yŏ."
"Sì, ho impegni." / "Sì, sono impegnato."

Oppure:
"**아니요, 약속이없어요**."
"A-ni-yŏ, yak-sŏ-ghi ōp-sō-yŏ."
"No, non ho impegni." / "No, non sono impegnato."

Con "아니요" = "No".

Fate attenzione! I coreani *non* hanno la doppia negazione come noi in Italia!
Quando ci chiedono "Non hai impegni?" la nostra risposta è "No, non ho impegni."
Usiamo la negazione nella risposta, anche se negare significherebbe che "abbiamo impegni". In coreano, invece, la risposta deve fare riferimento alla domanda: se in questo caso non avessimo impegni dovremmo rispondere con "**Sì, non ho impegni**".
Vediamo meglio questo esempio in coreano:

"약속이없어요?"
"Yak-sŏ-ghi ōp-sō-yŏ?"
"Non hai impegni?"

A questa domanda ci verrebbe da risponere:
~~"아니요, 약속이없어요."~~
~~"A-ni-yŏ, yak-sŏ-ghi ōp-sō-yŏ."~~
~~"No, non ho impegni." / "No, non sono impegnato."~~

Invece dovremmo rispondere: "Sì, non ho impegni."
Oppure: "Non hai impegni?" – "No, sono impegnato."

"약속이없어요?"
"Yak-sŏ-ghi ōp-sō-yŏ?"
"Non hai impegni?"

"**네, 약속이없어요**."
"Nĕ, yak-sŏ-ghi ōp-sō-yŏ."
"Sì, non ho impegni."

"**아니요, 약속이있어요**."
"A-ni-yŏ, yak-sŏ-ghi i-ssō-yŏ."
"No, ho impegni."

Se invece dovete uscire con la vostra dolce metà sarebbe un po' troppo impersonale dire "ho un impegno"; per questa situazione viene usata una parola completamente diversa da 약속: 데이트 ("dĕ-i-thŭ"), dall'inglese "date" (appuntamento romantico).

Il verbo “**fare un’uscita romantica**” diventa quindi **데이트를하다** (“dĕ-i-thŭ-rŭl ha-da”).

남자친구랑데이트를하다.
“Nam-ja-hcin-gu-rang dĕ-i-thŭ-rŭl ha-da.”
“**Fare un’uscita romantica con il proprio ragazzo**.”

남자친구 (“nam-ja-hcin-gu”) è “il ragazzo” e proprio come in inglese (“**boy-friend**”, boy+friend) la parola è composta da maschio (남자, “nam-ja”) e amico (친구, “hcin-gu”).

남자친구 **sarebbe letteralmente “l’amico maschio”**, ma ha una valenza romantica.

Se dovessimo dire “**Ho un impegno con un amico**” diremmo semplicemente:
“**친구랑약속이있어요**.”
“Hcin-gu-rang yak-sŏ-ghi i-ssō-yŏ.”

Se siete una ragazza e vorreste comunicare anche il fatto che il vostro amico è maschio e quindi del sesso opposto al vostro potreste dire:
“이성친구랑약속이있어요.”
“I-sōng-hcin-gu-rang yak-sŏ-ghi i-ssō-yŏ.”
“Ho un impegno con il mio amico maschio.”

Lo stesso vale per i maschietti con le loro amiche femmine. 이성친구 (“i-sōng-hcin-gu”) è infatti un termine che sta per “amico del sesso opposto al vostro”.

-랑 l’abbiamo trovato in frasi come:

남자친구<u>랑</u>데이트를하다

친구<u>랑</u>약속이있어요

이성친구<u>랑</u>약속이있어요

Si tratta del complemento di compagnia. Ci sono più modi per esprimerlo, ma la particella -(이) 랑 è quella più usata nel parlato.

Come le altre particelle già studiate:

-이랑 viene applicato alle parole che terminano per consonante

-랑 si unisce alle parole che terminano per vocale

여자친구랑데이트를하다.
“Yō-ja-hcin-gu-rang dĕ-i-thŭ-rŭl ha-da.”
“**Fare un’uscita romantica con la propria ragazza**.”

Dove **여자친구** ("yō-ja-hcin-gu") è la propria ragazza e come in inglese (**girl-friend**: girl+friend) il termine è composto dalle due parole femmina (여자, "yō-ja") e amico (친구, "hcin-gu").

Con le due strutture "-(이) 랑약속이있다" e "-(이) 랑데이트를하다" potete usare qualsiasi altra parola:

애인 ("ē-in") = **partner**

남편 ("nam-phyōn") = **marito**

아내 ("a-nē") = **moglie**

약혼자 ("ya-khŏn-ja") = **fidanzato/fidanzata** (dai caratteri cinesi: 약 di 약속, la promessa, 혼 di 결혼, il matrimonio e 자 di persona; **약혼자** = **persona con promessa di matrimonio**)

가족 ("ka-jŏk") = **famiglia/famigliari**

동료 ("tŏng-nyŏ") = **colleghi di lavoro**

I coreani sono grandi fan dell'alcool (**술**, "sul") **e propongono spesso di "*uscire a farsi un bicchierino*"**. Tale espressione diventa:

술한잔하다
"Sul han-jan ha-da"
"Farsi un bicchierino alcolico"
In questo caso avete un esempio di contatore legato ad un numero puro-coreano: **한** (da 하나 = 1) e **산** (contatore per i bicchieri/tazze).

한잔 = un bicchiere/una tazza

La stessa struttura vale anche per altre bevande:

커피한잔하다 = **"Farsi una tazza di caffè"**

Dove **커피** ("khō-phi") è **caffè** (dall'inglese "coffee").

1. 술한잔할래요?
"Sul han-jan ha-llē-yŏ?"

2. 술한잔할까요?
"Sul han-jan hal-kka-yŏ?"

3. 술한잔합시다!
"Sul han-jan hap-shi-da!"

4. 술한잔하면어때요?
"Sul han-jan ha-myōn ō-ttē-yŏ?"

Queste strutture grammaticali vengono usate tutte con lo stesso scopo: fare delle proposte. Tra una e l'altra ci sono piccole sfumature di significato.

Quella che vi vorrei introdurre oggi è la numero 4, la più generica che può essere usata senza problemi in tutte le occasioni: 술한잔하면어때요? ("sul han-jan ha-myōn ō-ttē-yŏ?").

La struttura "–(으)면어때요?" viene usata ogniqualvolta vogliamo sapere l'opinione di qualcuno riguardo un qualcosa da fare; è un modo molto educato per proporre delle attività o dare suggerimenti.

"–(으)면어때요?" è la composizione della particella –(으)면 e del verbo 어떻다, da cui derivano sia 어때요, sia 어떻게 (già visto nella frase "어떻게해요?", "ō-ttō-khĕ hē-yŏ").

–(으)면:

–으면 dopo una consonante

–면 dopo vocale

Diversamente dalle particelle viste fin'ora, questa si collega alla radice dei verbi e in italiano viene riportata attraverso le subordinate temporali o condizionali: viene tradotta con "quando" o "se".

"어때요" in questo tipo di frasi viene trascritto come "**che ne dici..?**", "**cosa ne pensi…?**".

"–(으)면어때요?" = "Che ne dici di…?", "Che ne pensi se…?"

술한잔하면어때요?
"Sul han-jan ha-myōn ō-ttē-yŏ?"
"Che ne dici se ci facciamo un bicchierino (alcolico)?"

바다에가면어때요?
"Pa-da-ĕ ka-myōn ō-ttē-yŏ?"
"Che ne dici di andare al mare?"
Con:

바다 ("pa-da") = mare

에 = particella di moto a luogo

가- = radice del verbo 가다 ("ka-da"), "andare"

파스타를먹으면어때요?
"Pha-sŭ-tha-rŭl mō-kŭ-myōn ō-ttē-yŏ?"
"Che ne dici di mangiare pasta?"

Con:

파스타 = pasta

를 = particella del complemento oggetto

먹- = radice del verbo 먹다 ("mōk-ta"), "mangiare"

우리금요일밤에만나면어때요?
"U-ri kŭ-myŏ-il pa-mĕ man-na-myōn ō-ttē-yŏ?"
"Che ne dici se noi ci incontriamo venerdì sera?"

Con:

우리 = noi

금요일 = venerdì

밤 = sera

에 = particella del complemento di tempo

만나- = radice del verbo 만나다 ("man-na-da"), "incontrare"/"incontrarsi"

13.1. Esercizi

1: Scegliete la giusta traduzione dei seguenti casi.
A) "Ho impegni":

1. 약속을해요

2. 약속이있어요

B) Partner:

1. 아내

2. 애인

C) Ragazza:

1. 여자친구

2. 이성친구

2: Scegliete la versione adatta della particella -(이)랑:

Esempio: 약혼자 (fidanzato/a):

1. 약혼자랑

2. 약혼자이랑

La risposta esatta è la 1.

약혼자 è una parola che termina per vocale e pertanto non ha bisogno della vocale 이 nel mezzo per facilitarne la pronuncia.

A) 남자친구:
1. 남자친구랑
2. 남자친구이랑

B) 아내:
1. 아내랑
2. 아내이랑

C) 가족:
1. 가족랑
2. 가족이랑

D) 선생님:
1. 선생님랑
2. 선생님이랑

E) 동료:
1. 동료랑
2. 동료이랑

F) 여동생:
1. 여동생랑
2. 여동생이랑

G) 남편:
1. 남편랑
2. 남편이랑

H) 애인:
1. 애인랑
2. 애인이랑

3: Usate il verbo avere (이/가있어요 oppure 이/가없어요) per formare le seguenti frasi.

Esempio:

"Ho un lavoro" (lavoro = 직업, "ci-gōp"):

1. 직업이있어요

2. 직업가있어요

3. 직업이없어요

4. 직업가없어요

Tra queste la giusta è la 1.

직업 + 이/가 = 직업이

"Io ho" = 있어요

"Ho un lavoro" = 직업이있어요

Fate attenzione alla differenza tra "ho" e "NON ho"!

A) "Non ho tempo" (tempo = 시간, "shi-gan")

B) "Ho il ragazzo" (ragazzo = 남자친구, "nam-ja-hcin-gu")

C) "Non ho soldi" (soldi = 돈, "tŏn")

D) "Ho una casa" (casa = 집, "cip")

E) "Ho una sorella maggiore" (per maschi: sorella maggiore = 누나, "nu-na")

4: Mettete nell'ordine giusto le parole in modo da formale la frase tra parentesi.

Esempio:

일동안해외 3 갔어요에

("Sono andato all'estero per tre giorni")

Il segreto è capire come impostare la frase in coreano! Prima di tutto troviamo il verbo (갔어요) e poniamolo alla fine, successivamente dividiamo il resto in complementi.

Per tre giorni: 3일동안

All'estero: 해외에

"3 일동안해외에갔어요"

"Sa-mil tŏng-an hē-ue-ĕ ka-ssō-yo"

A) 랑데이트친구를하다남자

("Faccio un'uscita romantic con il mio ragazzo")

B) 잔하면술어때요한 ?

("Che ne dici se ci facciamo un bicchierino?")

13.2. I segreti svelati in questo capitolo

- Ci sono due parole per "appuntamento": una usata per gli impegni mondani (약속) e l'altra per quelli romantici (데이트).

- La parola약속non solo significa "impegno", ma anche "promessa". Il verbo 약속하다, infatti non è "avere un impegno", ma "promettere". Se volessimo dire "avere un impegno" dovremmo usare non il verbo "fare", ma il verbo "avere": 있다 e 없다. 있다è propriamente il verbo avere, mentre없다 è la sua negazione "non avere".

- I verbi "avere" 있다 e 없다 vogliono sempre la particella del soggetto (이/가) prima di loro.

- Il verbo "fare" 하다 aggiunto ad un nome lo trasforma in verbo.

- Fate attenzione a non rispondere con la doppia negazione perché in coreano non esiste. Alla domanda "약속이없어요?" potete quindi dire: "네, 약속이없어요" oppure "아니요, 약속이있어요".

- 남자친구 e 여자친구 non sono l'amico maschio e l'amica femmina, ma hanno il significato di "fidanzatino" e "fidanzatina". Per indicare un amico del sesso opposto al nostro useremo la parola 이성친구.
- -(이)랑 è la particella del complemento di compagnia. Diventa -이랑 se applicato alle parole che terminano per consonante; è -랑 quando viene unito alle parole che terminano per vocale.

- -잔 è il contatore usato per i bicchieri o le tazze.

- Ci sono molte frasi per chiedere a qualcuno se vuole fare una certa attività. Per chiedere di uscire per un bicchierino avremmo: "술한잔하자", "술한잔할래요?", "술한잔할까요?", "술한잔합시다!" e "술한잔하면어때요?". Queste quattro frasi hanno una sfumatura molto lieve che le differenzia.

- La struttura "–(으)면어때요?" viene usata per sapere l'opinione di qualcuno riguardo un qualcosa da fare; è un modo molto educato per proporre delle attività o dare suggerimenti.

- –(으)면 è una particella dal doppio significato: “quando” e “se”. A differenza di quelle viste fin’ora non si lega ad un nome ma alla radice di un verbo. Diventa –으면 dopo una consonante e –면 dopo una vocale.

13.3. Soluzioni

1)
A, 2

“Ho impegni”: 약속이있어요

B, 2

Partner: 애인

C, 1

Ragazza: 여자친구

2)
A, 1

남자친구 (“nam-ja-hcin-gu”, ragazzo): 남자친구랑

B, 1

아내 (“a-nē”, moglie): 아내랑

C, 2

가족 (“ka-jŏk”, famiglia): 가족이랑

D, 2

선생님 (“sōn-sēng-nim”, professore): 선생님이랑

E, 1

동료 (“tŏng-ryŏ”, collega): 동료랑

F, 2

여동생 (“yō-dŏng-sēng”, sorella minore): 여동생이랑

G, 2

남편 (nam-phyōn”, marito): 남편이랑

H, 2

애인 (“ē-in”, partner): 애인이랑

3)
A: "Non ho tempo"
"시간이없어요"
"Shi-ga-ni ōp-ssō-yŏ"

B: "Ho il ragazzo"
"남자친구가있어요"
"Nam-ja-hcin-gu-ga i-ssō-yŏ"

C: "Non ho soldi"
"돈이없어요"
"Tŏ-ni ōp-ssō-yŏ"

D: "Ho una casa"
"집이있어요"
"ci-bi i-ssō-yŏ"

E: "Ho una sorella maggiore"
"누나가있어요"
"Nu-na-ga i-ssō-yŏ"

4)
A: "Faccio un'uscita romantica con il mio ragazzo"
"남자친구랑데이트를하다"

B) "Che ne dici se ci facciamo un bicchierino?"
"술한잔하면어때요?"

14. SONO ITALIANO – LA MIA NAZIONALITÀ

L'italia... quanto è bella l'Italia! Appena un italiano mette piede fuori dal proprio Paese diventa un fedele patriota. Cultura, cibo, arte... tutto prende un valore ancora più grande. Questo non perché le altre culture siano inferiori, ma perché l'estero ha una grandissima considerazione di noi e a volte ce ne dimentichiamo. Solo uscendo dalla nostra quotidianità e sentendo l'estero parlare di noi ci ricordiamo della nostra grandissima storia.

Ci sono due parole per "Italia", una dalla nostra pronuncia italiana e l'altra dall'inglese.

이탈리아 ("i-thal-li-a") da "**Italia**"

이태리 ("i-thē-ri") dall'inglese "**Italy**"

Per esprimere una qualsiasi **nazionalità** ci basterà conoscere la pronuncia della nazione e la parola 사람 ("sa-ram", persona). Con la parola "persona" dopo il nome della nazione si viene ad indicare l'abitante di tale Paese.

Per dire "italiano", come nazionalità, avremo quindi questi due termini:

이탈리아사람 ("i-thal-li-a-sa-ram")

이태리사람 ("i-thē-ri-sa-ram")

Lo stesso ragionamento vale anche per le **lingue**.

Per dire italiano come lingua ci basterà legare 어 ("ō") in successione al nome della nazione:

Italia = 이탈리아/이태리 (i-thal-li-a/i-thē-ri)

Persona italiana = 이탈리아사람/이태리사람 (i-thal-li-a sa-ram/i-thē-ri sa-ram)

Lingua italiana = 이탈리아어/이태리어 (i-thal-li-a-ō/i-thē-ri-ō)

Corea = 한국 (han-guk)

Persona coreana = 한국사람 (han-guk sa-ram)

Lingua coreana = 한국어 (han-gu-gō)

Francia = 프랑스 (phŭ-rang-sŭ)

Persona francese = 프랑스사람 (phŭ-rang-sŭ sa-ram)

Lingua francese = 프랑스어 (phŭ-rang-sŭ-ō)

Spagna = 스페인 (sŭ-phĕ-in)

Persona spagnola = 스페인사람 (sŭ-phĕ-in sa-ram)

Lingua spagnola = 스페인어 (sŭ-phĕ-i-nō)

Avrete già notato che la pronuncia delle nazioni Francia e Spagna (proprio come per l'Italia) derivano dall'inglese. Questo vale per quasi tutte le nazioni. Ce ne sono alcune che invece hanno un nome diverso da quello dato dagli anglosassoni e pertanto richiedono uno studio più approfondito. Queste sono:

America = 미국 (mi-guk)

Gran Bretagna = 영국 (yōng-guk)

Australia = 호주 (hŏ-ju)

Giappone = 일본 (il-bŏn)

Cina = 중국 (ciung-guk)

Thailandia = 태국 (thē-guk)

Germania = 독일 (tŏ-ghil)

Corea del Nord = 북한 (pu-khan)

Ecco qui invece altri esempi di nomi presi dall'inglese che vi capiterà sicuramente di sentire.

Canada = 캐나다 (khē-na-da)

Sud America = 남미/남아메리카 (nam-mi/na-ma-mĕ-ri-kha)

Vietnam = 베트남 (pĕ-thŭ-nam)

Cambogia = 캄보디아 (kham-bŏ-di-a)

Russia = 러시아 (rō-shi-a)

India = 인디아 (in-di-a)

Turchia = 터키 (thō-khi)

Svizzera = 스위스 (sŭ-ui-sŭ)

Quando sarete in Corea sarà evidente la vostra diversità e quando inizierete una conversazione vi sentirete chiedere da dove venite.

어디에서오셨어요?

"Ō-di-ĕ-sō ŏ-shiō-ssō-yŏ?"
"Da dove vieni?"

Letteralmente sarebbe "Da dove sei venuto?", essendoci il verbo al passato.

어디 ("ō-di") = dove

에서 ("ĕ-sō") = particella del **complemento di moto da luogo**

오- è la radice del verbo 오다 ("ŏ-da", venire)

-셨어요è l'unione tra –시 dell'onorifico, -ㅆ del passato e la coniugazione in -요 ("yŏ")

어느나라에서오셨어요?
"Ō-nŭ na-ra-ĕ-sō ŏ-shiō-ssō-yŏ?"
"Da che nazione vieni?"

Con:

어느 ("ō-nŭ") = quale

나라 ("na-ra") = nazione

Spesso cercheranno di indovinare andando sul "sicuro": ci sono moltissimi americani in Corea ad insegnare la lingua inglese nelle scuole e sentirete la frase "Sei americano/a?" tanto quanto "Da dove vieni?".

미국사람이세요?
"Mi-guk-sa-ra-mi-sĕ-yŏ?"
"Sei Americano?"

-이세요 non è altro che il verbo essere 이다, unito all'onorifico 시 e la coniugazione in –요 ("yŏ").

I coreani ritengono fondamentale lo studio delle lingue e in particolare dell'inglese. Quando si compila un curriculum c'è sempre la parte dedicata alla conoscenza delle lingue e dalle ditte coreane viene considerata tanto quanto i risultati scolastici.

In ogni dove ci sono scuole private piene di studenti che lottano per apprendere lingue da aggiungere alla lista. Molto più diffusi rispetto all'Italia sono anche i test per certificare tali lingue. Questi, però, non sempre rispecchiano le reali capacità.

Molti coreani si preparano rispondendo a decine di test al giorno formando una conoscenza molto dettagliata della grammatica; quando, però, arriva il momento di parlare tutta la teoria sparisce e si arriva a sbagliare anche con un semplice saluto.

Proprio per l'importanza data alla conoscenza delle lingue è sempre maggiore l'interesse verso lingue meno usate rispetto all'inglese, come spagnolo, francese e italiano.

Se volete fare conversazione in italiano, in coreano o in qualche altra lingua da voi studiata non sarà difficile trovare gruppi di studio: ci si incontra una volta alla settimana in un cafè e si conversa in tutte le lingue possibili. Sono molti i coreani che vi partecipano e gli stranieri provengono da tutto il mondo; oltre alla finalità dell'apprendimento c'è l'occasione per stringere amicizie da tutto il mondo!

Per quanto riguarda la vita di tutti i giorni succederà che qualcuno vi eviti, immaginando di dover per forza usare l'inglese con voi. Per fortuna la maggioranza è l'esatto contrario di così. **Vi capiterà sicuramente prima o poi di venire salutati per strada da gente che non avete mai visto, in particolare bambini e studenti.** Parlare con un occidentale è visto quasi come una prova di coraggio, fatta con gli amici o con sé stessi.

Scoprirete che è molto divertente suscitare tale sentimento di sfida e rispondere al loro saluto, come due vecchi conoscenti che si incontrano per strada!

이탈리아사람이에요.
"I-thal-li-a sa-ra-mi-ĕ-yŏ."
"Sono italiano."

이탈리아에서왔어요.
"I-thal-li-a-ĕ-sō ua-ssō-yŏ."
"Vengo dall'italia."

Fate molta attenzione a non mescolare le due frasi "어디에서오셨어요?" e "이탈리아에서왔어요".

Mentre non è un problema se dite "어디에서왔어요?" ("ō-di-ĕ-sō ua-ssō-yŏ") eliminando l'onorifico dal verbo, non è accettata la frase "~~이탈리아에서오셨어요~~" ("I-thal-li-a-ĕ-sō ŏ-shiō-ssō-yŏ"). Questo perché l'onorifico è stato pensato per portare rispetto a qualcuno con più esperienza di noi e non viene MAI usato su sé stessi. La frase "이탈리아에서오셨어요" ("I-thal-li-a-ĕ-sō ŏ-shiō-ssō-yŏ") è quindi accettabile solo se fatta come domanda a qualcun altro:

"이탈리아에서오셨어요?"
"I-thal-li-a-ĕ-sō ŏ-shiō-ssō-yŏ?"
"Vieni dall'Italia?"
Se volete essere voi a chiedere ai vostri amici coreani da quale città vengono vi basterà conoscere la parola 고향 ("kŏ-hiang", città natale).

고향이어디예요?
"Kŏ-hiang-i ō-di-yĕ-yŏ?"
"Dov'è la tua città natale?"

Vediamo ora qualche piccolo dialogo che potete fare vostro e usare ogni volta che vi dovrete presentare a qualcuno!

Dialogo 1:
"안녕하세요?"
"네, 안녕하세요. 제이름은사라예요. 이름이뭐예요?"
"저는김현우라고해요. 어디에서왔어요?"
"미국에서왔어요. 한국사람이세요?"
"네, 제고향은서울이에요."

"An-nyōng-ha-sĕ-yŏ?"
"Nĕ, an-nyōng-ha-sĕ-yŏ. Cĕ i-rŭ-mŭn sa-ra-yĕ-yŏ. I-rŭ-mi muō-yĕ-yŏ?"
"Ciō-nŭn Kim-hyō-nu ra-gŏ hē-yŏ. Ō-di-ĕ-sō ua-ssō-yŏ?"
"Mi-gu-ghĕ-sō ua-ssō-yŏ. Han-guk-sa-ra-mi-sĕ-yŏ?"
"Nĕ, Cĕ kŏ-hiang-ŭn Sō-u-ri-ĕ-yŏ."

"Ciao."
"Ciao. Mi chiamo Sara. Come ti chiami?"
"Il mio nome è Kim Hyōn-u. Da dove vieni?"
"Vengo dall'America. Sei coreano?"
"Si, la mia città natale è Sō-ul."
Dialogo 2:

"안녕하세요. 저는안드레아예요."

"만나서반갑습니다. 제이름은데이브예요.

안드레아씨...몇살이예요?"

"한국나이로서른한살이에요."

"저는스물다섯살이에요. 혹시...미국사람이세요?"

"아니요, 저는이탈리아에서왔어요."

"An-nyōng-ha-sĕ-yŏ. Ciō-nŭn An-dŭ-rĕ-a yĕ-yŏ."
"Man-na-sō pan-gap-sŭm-ni-da. Cĕ i-rŭ-mŭn Tĕ-i-bŭ yĕ-yŏ. An-dŭ-rĕ-a sshi...myō-ssa-ri-ĕ-yŏ?"
"Han-guk-na-i-rŏ sō-rŭn-han-sa-ri-ĕ-yŏ."
"Ciō-nŭn sŭ-mul-ta-sō-ssa-ri-ĕ-yŏ. Hŏk-shi...Mi-guk-sa-ra-mi-sĕ-yŏ?"
"A-ni-yŏ, ciō-nŭn i-thal-li-a-ĕ-sō ua-ssō-yŏ."

"Ciao! Sono Andrea."
"Piacere di conoscerti. Il mio nome è Dave. Andrea...quanti anni hai?"
"In età coreana ho 31 anni."
"Io ho 25 anni. Per caso...sei americano?"
"No, io vengo dall'Italia."

14.1. Esercizi

1: Scegliete la giusta traduzione di queste parole.
A) Persona italiana:

1. 이탈리아사랑

2. 이탈리아사람

B) Corea del Sud:

1. 한국

2. 북한

C) America del Sud:

1. 미국

2. 남미

D) Giappone:

1. 일본
2. 독일

E) Thailandia:

1. 태국
2. 영국

F) Australia:

1. 호주
2. 중국

G) Turchia:

1. 독일
2. 터키

2: Trovate l'errore e correggetelo! (Uno in ogni frase)
Esempio:

Vietnam = 베트만

In 베트만 "m" e "n" sono stati invertiti.

Correggendo diventerà quindi 베트남.

A) 인디아에서오셨어요.

B) 스페인어사람이에요.

C) 고향이가어디예요?

D) 어느나라에왔어요?

14.2. I segreti svelati in questo capitolo

- Ci sono due modi diversi di dire Italia in coreano: 이탈리아 (da "Italia") e 이태리 (da "Italy").
- Per definire l'abitante di un dato Paese ci basterà aggiungere la parola "persona" (사람) a quella per definire il Paese stesso. Ad esempio per dire "italiano" diremo "Italia", subito seguita da "persona": 이탈리아사람, o 이태리사람.

- Per esprimere la lingua parlata in un dato Paese ci basterà aggiungere "어" alla parola usata per definire il Paese stesso. Per dire "lingua italiana", per esempio, avremo 이탈리아어 oppure 이태리어.

- Come la parola "이태리" ci sono moltissime nazioni descritte con il nome inglese. Alcune però hanno un nome specifico coreano e queste sono: 미국, 영국, 호주, 일본, 중국, 태국, 독일 e 북한.

- "어디에서오셨어요?" o "어느나라에서오셨어요?" sono le frasi con cui vi sentirete chiedere da dove venite.

- -에서 è la particella che esprime il complemento di moto da luogo.

- Per chiedere conferma sulle origini di qualcuno vi basterà conoscere "___사람이세요?" dove in prima posizione andrete a collocare il nome della nazione.

- Fate attenzione a non usare mai la forma onorifica nei vostri confronti. Questa viene usata solo se ci si sta riferendo al nostro interlocutore, oppure a terzi.

- Con "고향이어디예요?" non ci si vuole informare solo della nazionalità di una persona, ma anche della sua città natale.

14.3. Soluzioni

1)

A, 2

Persona italiana: 이탈리아사람

B, 1

Corea del Sud: 한국

C, 2

America del Sud: 남미

D, 1

Giappone: 일본

E, 1

Thailandia: 태국

F, 1

Australia: 호주

G, 2

Turchia: 터키

2)
A: 인디아에서오셨어요.

Correzione: 인디아에서왔어요.

B: 스페인어사람 이에요.

Correzione: 스페인사람 이에요.

C) 고향이가어디예요?

Correzione: 고향이어디예요?

D) 어느나라에왔어요?

Correzione: 어느나라에서왔어요?

15. OGGI MI SENTO UNA STAR DEL CINEMA!

La primissima volta che ho messo piede in Corea mi sono sentita una vera star del cinema. Giravano così pochi stranieri che i coreani non erano abituati a vedere volti occidentali dal vivo; conoscevano solo quelli hollywoodiani del grande schermo. Camminando per strada la gente mi fissava, mi salutavano per gioco e mi è successo molte volte di dover scattare foto con persone sconosciute. L'occidente era esotico e incantava tutti. Bastava una sciarpina leggera per diventare "una vera esperta di moda italiana" o poco trucco per essere "bella come una modella".

Secondo la gran parte delle persone "gli asiatici sono tutti uguali", ma con un po' di allenamento ci si accorge che non è così. Hanno tratti diversi, che per il nostro occhio sono molto simili.

Lo stesso vale per loro, al contrario. Non sono abituati ai nostri tratti e spesso li confondono o li associano ad altri molto diversi. **Per questo quella volta tutti gli occidentali erano "belli come quelli dei film".**

In pochissimi anni, però, la Corea si è aperta al resto del mondo ad una velocità record e con ciò gli immigrati sono aumentati esponenzialmente.

Gli occidentali in Corea sono per lo più Americani, trasferitisi per insegnare l'inglese nelle scuole o come militari in territorio straniero. Sfortunatamente questi ultimi non hanno una bella reputazione in Corea: ci sono state vicissitudini che hanno fatto pensare male, che sono andate a unirsi a vecchi rancori di guerra. Per questo motivo **non sempre gli occidentali sono visti di buon occhio.** Succede più spesso di quello che si pensi di diventare il target di qualcuno, per strada o in metropolitana. **Noi occidentali siamo più spontanei nelle dimostrazioni d'affetto, mentre la Corea si sta ancora abituando a ciò.**

"Andatevene! Non siete i benvenuti".

Anche se vi capitasse di sentire queste parole non fatevi prendere dallo sconforto! Sono molto sporadiche, mentre tutti gli altri coreani hanno un comportamento molto differente. **Un po' per curiosità, un po' per testare l'inglese accidentato studiato a scuola, vi accorgerete che i coreani sono molto amichevoli e cercheranno di darvi sempre una mano in caso di bisogno.** Anche persone che non parlano una parola d'inglese proveranno ad interagire con voi, facendosi capire in qualche modo. Proprio per questo motivo numerosissimi stranieri passano anni in Corea senza imparare la lingua.

È vostro compito prendere coraggio e approfittare dell'occasione per esercitare il vostro coreano! **I coreani non sono abituati agli stranieri bravi con la loro lingua e di solito anche solo dopo un semplice "grazie" (in coreano "감사합니다", kam-sa-ham-ni-da) si emozioneranno e vi faranno i complimenti!**

Vi capiterà presto di sentire :

와~ 한국어정말잘하네요! ("Ua~ han-gu-gō ciōng-mal cial ha-nĕ-yŏ")

Dove:

와 ("wa") è un'onomatopea per lo stupore molto usata (anche nei messaggini).

정말 ("chiōng-mal") = davvero

잘 ("cial") = bene (come già visto in "잘가요" ("cial ka-yŏ") o "잘자요" ("cial cia-yŏ")

하- ("ha-") da 하다 ("ha-da"), il verbo "fare"

-네- = posto tra la radice del verbo e la coniugazione in 요 ("yŏ") esprime sorpresa

"Ua~ Come sei bravo/a in coreano!"

Anche se siete bravi come un madrelingua l'unica risposta che vi farà sembrare un coreano al 100% sarà:

"아니예요~"
"A-ni-yĕ-yŏ~"
"Non è così~"
Facendo intravedere umiltà e un poco di timidezza.

Se volete potete aggiungere:
"**한국어를아직잘못해요.**"
"Han-gu-gō-rŭl a-jik cial mo-thē-yŏ."
"Non lo so ancora bene (il coreano)."

Dove 못 ("mot") indica la negazione del verbo che è a seguire.

In coreano per creare una negazione possiamo scegliere tra 못 ("mot") e 안 ("an"), dove 못 ("mot") indica impossibilità, mentre 안 ("an") mancanza di volontà. In italiano non abbiamo tale sfumatura. Provate a distinguere il significato di queste due negazioni:

안해요 = non lo faccio (perché non mi va)

못해요 = non lo faccio (perché non posso)

Nel caso di una lingua ovviamente 못 è la scelta più appropriata. Non potremmo non essere bravi volontariamente in qualcosa.

La frase giusta sarà quindi "한국어를잘못해요" (NON "한국어를잘안해요").

Questa frase potete usarla con qualsiasi altra lingua. Esempio:
"**영어를잘못해요.**"
"Yōng-ō-rŭl cial mo-thē-yŏ."
"Non so bene l'inglese."

Potrebbe anche capitarvi una situazione in cui vi chiedono se siete in grado di parlare una certa lingua.

"실례합니다…일본어를할줄아세요?"
"Shil-lĕ-ham-ni-da…il-bŏ-nō-rŭl hal ciul a-sĕ-yŏ?"
"Mi scusi...sa il giapponese?"

실례합니다 ("shil-lĕ-ham-ni-da") = "Mi scusi…" viene usato per attirare l'attenzione di qualcuno (Fate attenzione! Per chiedere scusa c'è 죄송합니다, "ciue-sŏng-ham-ni-da").

-ㄹ줄알다 è la struttura per dire che si è in grado di fare qualcosa.

In questo caso abbiamo il verbo "fare" 하다 che va ad unirsi a tale struttura grammaticale (= 할줄알다). 아세요 è la forma onorifica del verbo알다 ("al-da", sapere); sfortunatamente questo è un verbo irregolare e subisce la perdita del suono –ㄹ, che come potete vedere è assente in "아세요". Per il momento vi basterà imparare a memoria "-ㄹ줄알다" senza andare nei particolari.

Le possibili risposte alla domanda sono:

"네, 왜요?
"Nĕ, uē-ŏ?"
"Sì, perché?"

"조금만알아요."
"Ciŏ-gŭm-man a-ra-yŏ."
"Lo so solo un pochino."
(조금 = poco; 만 = solo; 조금만 = solo poco)

"죄송합니다, 일본어를잘못해요."
"Ciue-sŏng-ham-ni-da, il-bŏ-nō-rŭl cial mo-thē-yŏ."
"Mi scusi, non so bene il giapponese."

"일본어를할줄몰라요."
"Il-bŏ-nō-rŭl hal ciul mŏl-la-yŏ."
"Non so il giapponese."

몰라요 è il verbo "non sapere" e quindi opposto di 알아요.

Così la struttura -ㄹ줄몰라요 è opposta a ㄹ줄알아요, diventando "Non sono capace di…"

"일본어를전혀못해요."
"Il-bo-no-rŭl cio-nyō mo-the-yŏ."
"Non so per niente il giapponese."
(전혀 viene usato solo nelle frasi negative per esprimere "per niente/completamente")

Riprendendo il nostro discorso di partenza, ormai la presenza di stranieri è grandissima e la Corea assomiglia sempre di più all'occidente. Solo nei piccoli centri fuori dalla capitale vi può ancora succedere di dover fare la foto con qualche vecchietta curiosa.

Se invece starete vicino alla capitale ci sono poche probabilità di diventare "star per un giorno", ma riceverete comunque e spesso complimenti sul vostro aspetto, soprattutto dalle signore di mezz'età (le così-dette 아줌마, "a-jum-ma").

Non importa quanto belli o brutti voi siate: per un asiatico sarete sempre affascinanti.

Prima o poi vi capiterà sicuramente di sentirvi dire:

예쁘다 ("yĕ-ppŭ-da") se siete femminucce

잘생겼다 ("cial sēng-ghiō-tta") se siete maschietti

예쁘다 ("yĕ-ppŭ-da") vuol dire "**bella**" ed è il classico complimento da fare ad una ragazza.

와~ 완전예쁘다!
"Ua~ Uan-jōn yĕ-ppŭ-da!"
"Ua~ Sei proprio bella!"

Dove완전 ("uan-jōn") viene usato come "proprio"/"pienamente".

정말예쁘네요!
"Ciōng-mal yĕ-ppŭ-nĕ-yŏ!"
"Sei davvero bella!"

Se avete gli occhioni da cucciolo bagnato allora la parola che vi si addice di più è:

귀엽다 ("kui-ōp-ta") = **carino**

In principio questa parola veniva usata per cose tenere, come bambini e cuccioli, ma ultimamente è diventata uno dei complimenti più belli da fare ad una ragazza.

Le ragazze carine, dolci, innocenti, che sembrano delle bamboline preziose da proteggere sono molto più apprezzate di quelle "sexy".

Così anche il termine 귀엽다 ("kui-ōp-ta") è ora molto amato.

Se siete dei maschietti, invece, 예쁘다 ("yĕ-ppŭ-da") e 귀엽다 ("kui-ōp-ta") vi si addicono poco.

La frase più usata per voi è **잘생겼다** ("cial sēng-ghiō-tta"), la cui traduzione letterale in italiano è "**sei venuto fuori proprio bene!**".

È un complimento per soli uomini, per dire che sono "di bell'aspetto".

Cosa poco carina da dire è invece: **못생겼다** ("mŏ-ssēng-ghiō-tta"). Questa non è altro che la versione negativa della frase 잘생겼다 ("cial sēng-ghiō-tta").

못생겼다 ("mŏ-ssēng-ghiō-tta") = "**Sei venuto fuori male"/"Sei brutto**"

Se proprio volete scherzare ed essere cattivelli avete anche questa perla di veleno:

"괴물같다"

"Kue-mul ka-tta"

"Sembra un mostro"

Con il verbo 같다 ("ka-tta", sembrare/essere come)

15.1. Esercizi

1: Trovate la giusta traduzione a queste parole.

A) 감사합니다:

1. "Grazie"
2. "Prego"

B) "Scusa" (perdono):

1. 죄송합니다
2. 실례합니다

C) "Molto":

1. 정말
2. 너무

D) 전혀:

1. "Davvero"
2. "Per niente"

2: Trovate la risposta più appropriata per queste frasi:

A) "영어를할줄아세요?":

1. "죄송합니다, 영어를잘해요."
2. "죄송합니다, 영어를할줄몰리요."

B) "정말예쁘네요!":

1. "아니요."
2. "아니예요."

3: Scegliete la frase senza errori.

A)

1. "한국어를잘못해요."
2. "한국어를못잘해요."

B)

1. "프랑스어를전혀잘해요."

2. “프랑스어를전혀못해요.”

C)
1. “못생겼어요.”
2. “잘못생겼어요.”

15.2. I segreti svelati in questo capitolo

- “감사합니다” è il “grazie” in coreano.
- I coreani non sono abituati a parlare la loro lingua con gli occidentali. Se rispondete a qualche domanda con le frasi in coreano da voi imparate vi faranno subito i complimenti. Non fatevi prendere dall'imbarazzo! Approfittatene e cercate di esercitarvi a più non posso!
- -네- viene posto tra la radice del verbo e l'eventuale coniugazione in 요 ed esprime sorpresa.
- 못 e 안, se posti prima di un verbo, sono le due forme più semplici per creare una negazione. Il primo, 못, indica impossibilità, mentre il secondo, 안, indica una mancanza di volontà.
- “-ㄹ줄알다” è la struttura per dire che si è in grado di fare qualcosa: “__어를할줄아세요?” è la domanda che faremmo per sapere se qualcuno conosce una data lingua (sostituendo lo spazio vuoto con il nome di una nazione).
- 몰라요 è il verbo “non sapere” e quindi opposto di 알아요. Pertanto la frase “-ㄹ줄몰라요” è opposta a “-ㄹ줄알아요”, diventando “Non sono capace di...”

15.3. Soluzioni

1)
A, 1
감사합니다: “Grazie”
B, 1
“Scusa” (perdono): 죄송합니다
C, 2

"Molto": 너무
D, 2
전혀: "Per niente"

2)
A, 2
"영어를할줄아세요?"
"죄송합니다, 영어를할줄몰라요."

"Yōng-ō-rŭl hal ciul a-sĕ-yŏ?"
"Ciue-sŏng-ham-ni-da, yōng-ō-rŭl hal ciul mŏl-la-yŏ."

"Sai l'inglese?"
"Mi dispiace, non so l'inglese."

B, 2
"정말예쁘네요!"
"아니예요."
"Ciōng-mal yĕ-ppŭ-nĕ-yŏ!"
"A-ni-yĕ-yŏ."

3)
A, 1
"한국어를잘못해요."
B, 2
"프랑스어를전혀못해요."
C, 1
"못생겼어요."

16. PERCHÉ SONO VENUTO IN COREA?

Quando si incontrano persone nuove un po' per curiosità o un po' per cercare punti in comune si finisce sempre per chiedere le stesse domande: "Cosa studi?", "Che lavoro fai?", "Quali sono i tuoi hobby?".

Vi sembrerà strano ma per i coreani è quasi una sorpresa che voi siate tanto interessati alla Corea da essere là e tra le prime cose che cercheranno di capire è per che motivo abbiate fatto tale scelta.

"한국에왜왔어요?"
"Han-gu-ghĕ uē ua-ssō-yŏ?"
"Come mai sei in Corea?"

Lavoro, studio, viaggio… . Qualunque sia il motivo che vi spinge a visitare la Corea può essere espresso con la particella –(으)러.

–(으)러 si comporta esattamente come –(으)면 che abbiamo già incontrato: non si lega ai nomi, ma alla radice dei verbi.

–(으)러:

–러 dopo una vocale

–으러 dopo una consonante

Questa particella può legarsi a qualsiasi verbo d'azione, ma è seguita solo da quei verbi che esprimono un movimento:

가다 ("ka-da") = andare

오다 ("ŏ-da") = venire

La sua funzione è quella di esprimere "**finalità**", ciò che andiamo o veniamo a fare.
Vediamo ora qualche esempio semplice:

"**친구를만나러왔어요.**"
"Hcin-gu-rŭl ma-na-rō ua-ssō-yŏ."
"Sono venuto ad incontrare gli amici."

Con:

친구를 = "l'amico/gli amici" (complemento oggetto)

만나- = radice del verbo만나다 ("ma-na-da", incontrare)

-러 = particella del complemento di fine

왔어요 = "sono venuto" (dal verbo 오다, "ŏ-da")

"밥을먹으러갔어요."
"Pa-bŭl mō-ghŭ-rō ka-ssō-yŏ."
"È andato a mangiare."

Con:

밥을 = "il cibo" (complemento oggetto)

먹- = radice del verbo먹다 ("mŏk-ta", mangiare)

-으러 = particella del complemento di fine, che segue un suono consonantico (la "k" finale in 먹-)

갔어요 = "sono andato/è andato" (dal verbo 가다, "ka-da")

Con questa struttura della frase possiamo creare anche frasi più complesse:
"어제한국어를공부하러대학교의도서관에갔어요."
"Ō-jĕ han-gu-gō-rŭl kŏng-bu-ha-rō tē-hak-kyŏ-ĕ tŏ-sō-gua-nĕ ka-ssō-yŏ."
"Ieri per studiare coreano sono andato alla biblioteca dell'università."

Niente panico! Analizziamo la frase passo per passo.
Prima di tutto troviamo la particella del complemento di fine e tutti gli altri complementi a cui si riferisce (in coreano –(으)러 forma una **frase subordinata** e tutto ciò che va ad inglobare si trova "prima").

"어제한국어를공부하러대학교의도서관에갔어요."

한국어를공부하다 = "studiare coreano"

한국어를공부하러 = "per studiare coreano", "con il fine di studiare coreano

어제 = "ieri"

어제한국어를공부하러 = Ieri per studiare coreano…

-에 = particella del complemento di moto a luogo

갔어요 = "sono andato"

Per trovare "dove sono andato" dovremo vedere cosa si trova prima di –에:
"어제한국어를공부하러대학교의도서관에갔어요."

대학교 = "**università**" (학교 = scuola)

도서관 = "**biblioteca**"

Tra le due parole c'è 의, il complemento di specificazione.

L'unica difficoltà di 의 (in questo caso letto come "ĕ") sta nel fatto che i due termini a cui si riferisce sono opposti rispetto alla frase italiana:

대학교의도서관 non è quindi "~~l'università della biblioteca~~", ma "la biblioteca dell'università".

Proprio come 친구의책 ("hcin-gu-ĕ hciēk") è "il libro del nostro amico".

Per dire al nostro interlocutore il motivo della nostra visita in Corea potremo quindi usare la frase standard:

"-(으)러 (한국에) 왔어요."
"-(ŭ)rō (han-gu-ghĕ) ua-ssō-yŏ."
"Sono venuto (in Corea) per…"

Vi basterà solo aggiungere all'inizio la radice del verbo che preferite.

공부하다 ("kŏng-bu-ha-da") = "studiare"

공부하러 ("kŏng-bu-ha-rō") = "per studiare"

"공부하러 (한국에) 왔어요."
"Kŏng-bu-ha-rō (han-gu-ghĕ) ua-ssō-yŏ."
"Sono venuto (in Corea) per studiare."

일하다 ("i-ra-da") = "**lavorare**"

일하러 ("i-ra-rō") = "**per lavorare**"

"일하러 (한국에) 왔어요."
"I-ra-rō (han-gu-ghĕ) ua-ssō-yŏ."
"Sono venuto (in Corea) per lavorare."

여행 ("yō-hēng") = "**viaggio**"

여행하다 ("yō-hēng-ha-da") = "**viaggiare**"

여행하러 ("yō-hēng-ha-rō") = "**per viaggiare**"

"여행하러 (한국에) 왔어요."
"Yō-hēng-ha-rō (han-gu-ghĕ) ua-ssō-yŏ."
"Sono venuto (in Corea) per viaggiare."/"Sono venuto (in Corea) in viaggio."

만나다 ("man-na-da") = "incontrare"

만나러 ("man-na-rō") = "per incontrare"

"친구를만나러 (한국에) 왔어요."
"Hcin-gu-rŭl man-na-rō (han-gu-ghĕ) ua-ssō-yŏ."
"Sono venuto (in Corea) per incontrare un amico."

가족 ("ka-jŏk") = "famiglia/famigliare"

"가족을만나러 (한국에) 왔어요."
"Ka-jŏ-gŭl man-na-rō (han-gu-ghĕ) ua-ssō-yŏ."

"Sono venuto (in Corea) per incontrare un famigliare."

Vi capiterà di uscire a vedere un film con gli amici e dirlo il giorno dopo a qualcuno. Provate, allora, a comporre la frase "Sono andato al cinema per vedere un film con amici".

Prima di tutto pensiamo al verbo principale della frase: "Sono andato".

Come già visto in altri esempi il verbo da usare è la coniugazione passata di 가다: 갔어요.

Subito prima dobbiamo indicare DOVE siamo stati: "Al cinema".

La vera parola per "cinema" (영화관, yōng-hua-guan) in coreano viene ritenuta un po' obsoleta; in sostituzione viene usata la parola per "teatro" (극장, kŭk-jang).

Sono andato al cinema = 극장에갔어요
"Kŭk-jang-ĕ ka-ssō-yŏ."

Ora andiamo a vedere la frase subordinata "per vedere un film con gli amici".

"Per vedere" è l'unione del verbo "vedere" (보다, pŏ-da) e la particella –(으)러; mentre "un film" ha la funzione di complemento oggetto (da esprimere con 을/를).

Per vedere un film = 영화를보러…
"Yōng-hua-rŭl pŏ-rō…"

Resta solo "con gli amici": 친구랑, "hcin-gu-rang".

"친구랑영화를보러극장에갔어요"
"Hcin-gu-rang yōng-hua-rŭl pŏ-rō kŭk-jang-ĕ ka-ssō-yŏ."
"Sono andato al cinema per vedere un film con amici."

16.1. Esercizi

1: Applicate la particella (으)러 ai seguenti verbi.

Esempio: 만나다 + (으)러

1. 만나으러

2. 만나러

La versione esatta è la numero 2: 만나러.

A) 보다:

1. 보으러

2. 보러

B) 입다:

1. 입으러

2. 입러

C) 하다:

1. 하으러

2. 하러

D) 사다:

1. 사으러

2. 사러

E) 받다:

1. 받으러

2. 받러

2: Provate a tradurre le seguenti frasi:
Esempio: "Sono andato a mangiare la pizza"
Con:

"Pizza" = 피자

"Mangiare" = 먹다

"Sono andato" = 가다 (갔어요)

"피자를먹으러갔어요"

A) "Sono venuto a comprare dei partaloni"
Con:

"Pantaloni" = 바지

"Comprare" = 사다

"Sono venuto" = 오다 (왔어요)

___를 ___(으)러 ___

B) "Sono andato a casa ad aiutare la mamma"

Con:

"Mamma" = 엄마

"Aiutare" = 도와주다

"Casa" = 집

"Sono andato" = 가다 (갔어요)

___를 ___(으)러 ___에 ___

C) "Sono venuto a incontrare la signorina Min-ji"
Con:

"Signorina Min-ji" = 민지씨

"Incontrare" = 만나다

"Sono venuto" = 오다 (왔어요)

___를 ___(으)러 ___

16.2. I segreti svelati in questo capitolo

- I coreani non sono contenti della loro società e vorrebbero trasferirsi all'estero. Questo li rende molto curiosi riguardo il motivo che spinge un occidentale in Corea. "Perché sei venuto in Corea?" è una delle domande che sentirete di più.

- La particella –(으)러 si lega a qualsiasi verbo d'azione ed è seguita dai verbi di movimento 가다 ("ka-da", andare) e 오다 ("ŏ-da", venire).

- La particella -(으)러 diventa –러 se legata ad una vocale, oppure –으러 se posta dopo un suono consonantico.

- La particella -(으)러 apre una subordinata all'interno della frase. Il verbo della subordinata è quello a cui si lega la particella, mentre tutti i complementi che ne riguardano si trovano prima; ciò che segue la particella, invece, fa parte della frase principale.

- -의 è la particella del complemento di specificazione. La parola a cui si lega è il "possessore", mentre la parola a seguire è la "cosa posseduta". La lettura di questa particella è irregolare: con questa funzione la sillaba diventa -ĕ. Anche in questo caso abbiamo una particella con una sola versione: non cambia rispetto alla parola che la precede.

- Per dire il motivo per cui siamo in Corea possiamo usare: "-(으)러 (한국에) 왔어요."

16.3. Soluzioni

1)
A, 2
B, 1
C, 2
D, 2
E, 1

2)
A: 바지를사러왔어요
B: 엄마를도와주러집에갔어요
C: 민지씨를만나러왔어요

17. SCUOLA E LAVORO – IL MIO BIGLIETTO DA VISITA

L'abito non fa il monaco.

Non giudicare un libro dalla copertina.

Questo è ciò che ci insegnano. Ma in Corea, invece, non c'è tempo per conoscere a fondo una persona e per questo si viene spesso giudicati solo per apparenza e appartenenza. Aspetto fisico, cura della propria immagine e classe sociale dicono chi sei all'interno del mondo. Per questo gli studi, il lavoro che si fa (e anche il lavoro dei genitori) sono il nostro biglietto da visita.

Questo è il grande problema attuale della Corea: moltissimi giovani scappano via dalla nazione alla ricerca di una vita più serena.

Lo scopo di ogni genitore coreano è vedere il proprio figlio in cima alla classe sociale, per questo iniziano ad investire nello studio dei figli quando questi non sanno ancora quasi parlare. Asili in lingua inglese sono la moda del momento e bambini di soli 3 anni vengono già immersi in un ambiente ostile: giochi e divertimento spensierato sono sostituiti da ore di studio dell'inglese.

Alle elementari, medie e superiori la competizione tra studenti è portata al massimo.

In Italia seguiamo lezioni private solo nel caso non si riesca a stare al passo con il programma scolastico; in Corea, invece, sono quasi tutti gli studenti che frequentano gli **학원** (ha-guōn), **scuole private** per imparare quello che a scuola verrà fatto solo in futuro, in modo da essere più bravi e avanzati dei compagni.

Ad ogni test viene annunciato il migliore della classe e per test speciali viene fatta una classifica di tutta la scuola, con il nome dello studente più bravo fino al nome di quello più negato. Sono queste classifiche che ti permettono di capire a quali università puoi provare ad accedere.

Solo i migliori (si parla dell'1% di tutti gli studenti della Corea del Sud) riescono ad entrare in quelle che sono considerate le migliori università della nazione.

Gli altri dovranno accontentarsi di università di secondo livello. Oltretutto le università coreane a cui tutti mirano sono private e un solo semestre costa più di 4.000 euro.

Un percorso studentesco del genere può essere sostenuto solamente da una "buona famiglia", altrimenti il peso sulle spalle dei genitori si trasforma in debiti.

È l'entrata all'università e la mera iscrizione ai corsi che simboleggia le capacità di una persona, il percorso universitario di per sé interessa poco: i test vengono fatti per proforma e i ragazzi passano il loro tempo più a bere che a studiare.

Anche in questo caso il vero sforzo sta all'esterno delle strutture studentesche: gli studenti si ritrovano a seguire corsi molto costosi (principalmente di lingua e informatica) per imparare cose a cui non sono interessati e non hanno a che fare con il loro percorso di studi, solo per arricchire il curriculum e sembrare più capaci e attivi in vista di un colloquio.

La gran parte dei giovani è impegnata in attività di volontariato, ma anche questo fa parte della preparazione al mondo del lavoro: un impegno sociale fa salire in classifica.

Per tutti questi motivi prima o poi qualche coreano finirà per farvi domande che a voi sembreranno invadenti o poco cortesi.

Che numero sei nella classifica scolastica?
Che università hai frequentato?
Che lavoro fanno i tuoi genitori?
In che zona vivi? Che tipo di casa hai?
Che lavoro fai?

Gli stranieri, però, vengono sempre visti in maniera diversa e anche l'atteggiamento nei nostri confronti cambia. Nel parlare con uno straniero i coreani provano a tuffarsi nella loro cultura occidentale e pertanto nella maggior parte dei casi non dovrete rispondere a domande scomode.

Che università frequenti? / Che università hai frequentato?
Cosa studi? / Cos'hai studiato?
Che lavoro fai?

Dovrete fare attenzione con il verbo "frequentare" perché non si comporta come la controparte italiana: al posto del complemento oggetto richiede un complemento di luogo!

~에다니다
~ĕ ta-ni-da

대학교에다니다
"Tē-hak-kyŏ-ĕ ta-ni-da"
"Frequentare l'università"
학원에다니다
"Ha-guō-nĕ ta-ni-da"
"Frequentare una scuola privata"

회사에다니다
"hue-sa-ĕ ta-ni-da"

Quest'ultima è letteralmente "frequentare un'azienda" e viene spesso usata con il significato di "lavorare in un'azienda".

Per esprimere il concetto di "lavorare" vero e proprio abbiamo invece 일하다 (i-ra-da), composto da 일 (il, lavoro) e 하다 (ha-da, fare).

Vediamo ora qualche dialogo tra due persone (A e B) riguardo università/lavoro:

A: 혹시대학생이에요?
"Hŏk-shi tē-hak-sēng-i-ĕ-yŏ?"
"Sei per caso uno studente?"

B: 아니요. 저는벌써졸업했어요. 금회사에서일해요.
"A-ni-yŏ. Ciō-nŭn pōl-ssō ciŏ-rō-phē-ssō-yŏ. Ci-gŭm hue-sa-ĕ-sō i-rē-yŏ."
"No, mi sono già laureato. Adesso lavoro in un'azienda."

A: 아~ 저도회사에서일해요.
"A ciō-dŏ hue-sa-ĕ-sō i-rē-yŏ."
"Ah~ anch'io lavoro in un'azienda."

Nell'ultima frase vista abbiamo저도 (ciō-dŏ) dove la particella –도 indica "anche".

저도 (ciō-dŏ) = Anch'io (formale)

나도 (na-dŏ) = Anch'io (informale)

엄마도 (ōm-ma-dŏ) = Anche la mamma

선생님도 (sōn-sēng-nim) = Anche l'insegnante

Abbiamo incontrato anche altre parole nuove come:

대학생 (tē-hak-sēng) = 학생 (hak-seng) è solamente "lo studente", mentre대학생 (tē-hak-sēng) è "lo studente universitario"

벌써 (pōl-ssō) = già

졸업하다 (ciŏ-rō-pha-da) = laurearsi

A: 무슨일하세요?
"Mu-sŭn il ha-sĕ-yŏ?"
"Che lavoro fai?"

B: 교수로일해요.
"Kyŏ-su-rŏ i-rē-yŏ."
"Lavoro come professore."

"…로일하다" (…rŏ i-ra-da) = "lavorare come…"

Altri esempi:
"의사로일해요"
"Ŭi-sa-rŏ i-rē-yŏ."
"Lavoro come medico."

"간호사로일해요"
"Kan-hŏ-sa-rŏ i-rē-yŏ."
"Lavoro come infermiere."

Con:

교수 (kyŏ-su) = professore

의사 (ŭi-sa) = medico/dottore

간호사 (kan-hŏ-sa) = infermiere

Non ci sono differenziazioni di sesso: lavori che in italiano vedono due parole diverse come "infermiere" e "infermiera" vengono invece espressi con lo stesso termine in coreano.

A: 직업이뭐예요?
"Ci-gō-bi muō-yē-yŏ?"
"Qual è il tuo impiego?"

B: 제직업은변호사예요.
"Ciĕ ci-gō-bŭn pyōn-hŏ-sa-yē-yŏ."
"Sono avvocato."

Con:
직업 (ci-gōp) = impego/lavoro
변호사 (pyōn-hŏ-sa) = avvocato
Attenzione a non confondere 간호사 e 변호사!

A: 어디서공부하셨어요?
"Ō-di-sō kŏng-bu-ha-shiō-ssō-yŏ?"
"Dove hai studiato?"

B: 연세대학교에서공부했어요.
"Yōn-sĕ-tē-hak-kyŏ-ĕ-sō kŏng-bu-hē-ssō-yŏ."
"Ho studiato all'università Yōn-sĕ."

L'università 연세 (Yōn-sĕ) è una delle più rinomate della nazione. Ci sono tre università al top che si fanno concorrenza e sono identificate con la parola "SKY", acronimo di:

S – *Seul National University* (서울대학교, abbreviato con 서울대)
K – *Korea University* (고려대학교, abbreviato con 고려대)
Y – *Yonsei University* (연세대학교, abbreviato con 연세대)

Nella domanda "어디서공부하셨어요?", 어디서 (ō-di-sō) prende il posto di 어디 (ō-di) dato che il verbo "studiare" implica un'azione in quel dato luogo. Per quanto riguarda il verbo, invece, 공부하셨어요 (kŏng-bu-ha-shiō-ssō-yŏ) è la coniugazione onorifica e passata del verbo "studiare" 공부하다 (kŏng-bu-ha-da). Per rendere la frase meno formale basta sostituirlo con la versione cortese passata 공부했어요 (kŏng-bu-hē-ssō-yŏ):

어디서공부했어요?
(Ō-di-sō kŏng-bu-ha-shiō-ssō-yŏ?)

A: 어떤것을전공하셨어요?
"Ō-ttōn gō-sŭl ciōn-gŏng-ha-shiō-ssō-yŏ?"
"In cosa ti sei specializzato?"
= Cos'hai studiato?/In cosa ti sei laureato?

B: 영어를전공했어요
"Yōng-ō-rŭl ciōn-gŏng-hē-ssō-yŏ."
"Sono specializzato in lingua inglese."
=Sono laureato in lingua inglese

-을/를전공하다 (-ŭl/rŭl ciōn-gŏng-ha-da) = laurearsi in/specializzarsi in...

Di seguito avrete una lista di parole da usare in tutte queste frasi; in caso non trovaste quello di cui avete bisogno potrete sempre fare riferimento al vocabolario di NAVER (motore di ricerca preferito in Corea) cercando "dic.naver.com" sul vostro pc.

Ingegnere/tecnico = 기술자 (ki-sul-ja)

Architetto = 건축기술자 (kōn-hciuk ki-sul-ja)

Giudice = 판사 (phan-sa)

Avvocato = 변호사 (pyō-nŏ-sa)

Medico = 의사 (ŭi-sa)

Infermiere = 간호사 (ka-nŏ-sa)

Politico = 정치인 (ciōng-hci-in)

Ambasciatore = 대사 (tē-sa)

Impiegato d'azienda = 회사원 (hue-sa-uōn)

Insegnante/istruttore = 선생 (sōn sēng)

Professore = 교수 (kyŏ-su)

Chef = 요리사 (yŏ-ri-sa)

Parrucchiere = 미용사 (mi-yŏng-sa)

Commesso = 점원 (ciō-muōn)

Designer = 디자이너 (ti-ja-i-nō)

Pittore = 화가 (hua-ga)

Traduttore = 번역사 (pō-nyōk-sa)

Interprete = 통역사 (thŏng-yōk-sa)

Giornalista = 기자 (ki-ja)

Scrittore = 작가 (ciak-sa)

Autista = 기사 (ki-sa)

Cantante = 가수 (ka-su)

Attore = 배우 (pē-u)

Modello = 모델 (mŏ-dĕl)

Stagista = 인턴 (in-thōn)

Per quanto riguarda gli studi universitari:
언어학 (ō-nō-hak) = studi linguistici

사회학 (sa-hue-hak) = studi antropologici

과학학 (kua-hak-hak) = studi scientifici

경제학 (kyōng-jĕ-hak) = studi economici

심리학 (shim-ni-hak) = studi psicologici

17.1. Esercizi

1: Scegliete la traduzione giusta per queste parole.

A) Studente universitario:
1. 대학교
2. 대학생

B) Azienda:
1. 회사
2. 의사

C) Già:
1. 벌써
2. 지금

D) Anch'io:
1. 저더
2. 저도

E) 졸업하다:
1. Laurearsi

2. Specializzarsi nello studio di…

F) 교수:
1. Professore
2. Insegnante

G) 간호사:
1. Infermiere
2. Avvocato

2: Scegliete la giusta versione di queste frasi.

A) Frequentare la scuola:
1. 학교에다녀요
2. 학교가다녀요

B) Lavoro come giornalista:
1. 기자로일해요
2. 기자도일해요

C) Dove lavori?:
1. 어디일해요?
2. 어디서일해요?

17.2. I segreti svelati in questo capitolo

- In Corea l'apparenza è molto importante: aspetto fisico, cura della propria immagine e classe sociale sono il nostro biglietto da visita.
- Gli 학원 (ha-guōn) sono scuole private, seguite per anticipare argomenti che verranno fatti in classe o arricchire il proprio curriculum in vista di un colloquio.
- ~에다니다 è il verbo "frequentare". Viene usato in frasi come대학교에다니다 o 회사에다니다.
- La particella –도, legata ad un nome, ha il significato di "anche".
- Per comunicare la nostra professione possiamo utilizzare la struttura "…로일하다".

- Le parole che esprimono una professione in coreano sono unisex. Vengono usate indipendentemente per maschi e femmine.

- Parlando di studi e università potete usare il verbo -을/를전공하다 ("laurearsi in/specializzarsi in…").

17.3. Soluzioni

1)
A, 2
B, 1
C, 1
D, 2
E, 1
F, 1
G, 1

2)
A, 1 (학교에다녀요)
B, 1 (기자로일해요)
C, 2 (어디서일해요?)

18. HOBBY E TEMPO LIBERO

In una città grande come 서울 (Sō-ul, la capitale della Corea del Sud) si possono fare innumerevoli sport e attività. Vela, immersioni, canottaggio, bird watching, sci d'acqua, trekking, scalate, pattinaggio sul ghiaccio, golf, squash e molto altro ancora.

Sport all'aperto, al chiuso, estivi ed invernali: ci sono scuole, corsi e luoghi adatti a tutto quello che sognate di fare.

Quando ero studentessa all'università Ewha ho addirittura seguito un corso di golf al chiuso: una stanza era attrezzata apposta per imparare ad imprimere con la mazza la giusta forza nella giusta direzione.

Gli hobby più di moda al momento sono legati al mondo dello spettacolo e al boom del Kpop. Di cosa stiamo parlando? **Il Kpop è un genere musicale che comprende tutto il pop coreano, già molto amato in tutta l'Asia e sempre più conosciuto ed apprezzato anche in Europa e America**. Il Kpop vede per lo più gruppi di giovani cantanti, formati anche da più di dieci persone. Questi ragazzi o ragazze sono tutti di bell'aspetto, capaci nel canto e nella danza. Diventano famosi più per bellezza e stile che per vere capacità in ciò che fanno. Più famosi diventano più sono le cose che iniziano a fare: pubblicità, recitazione, album fotografici, etc.

Il mondo del Kpop è molto vasto e sempre alla ricerca di nuovi talenti. Per questo i giovani hanno molta passione per queste arti e cercano di superare i provini per entrare a far parte di qualche gruppo.

I coreani hanno un amore infinito per il karaoke, che in coreano viene chiamato 노래방 (Nŏ-rē-bang). Se vi capiterà di mettere piede in qualsiasi zona della Corea vi accorgerete di trovare la scritta 노래방 (Nŏ-rē-bang) in tutti gli angoli della città. Si tratta di piccole salette private con divani, schermo, microfoni e a volte anche parrucche e strumenti come tamburello e maracas. I prezzi variano da posto a posto ma si paga sempre ad ore; i proprietari sono molto gentili e vi aggiungono anche mezz'ora gratis a quello che avete pagato. Per questo motivo per la gran parte della popolazione coreana è normale cantare bere: passano moltissime ore in queste stanze con amici a divertirsi e bere!

Molte ditte scelgono i 노래방 (Nŏ-rē-bang) come luogo ideale per un'uscita dopo il lavoro, per conoscersi meglio tra colleghi.

L'habitat naturale di questi talenti musicali è in particolare il distretto di 홍대 (Hŏng-dē): è la zona che circonda l'università 홍익 (Hŏng-ik), molto famosa per i percorsi di studio artistici. La zona è molto caratteristica ed amata soprattutto dai giovani e dagli stranieri in viaggio. Passeggiando per le strade d i홍대 (Hŏng-dē) si possono vedere graffiti, costruzioni architettoniche inusuali, musei d'arte, bar notturni, discoteche e performance dal vivo. È forse il quartiere più notturno di tutta la capitale ed è pieno di gente a tutte le ore. Camminando per la strada la sera è normale assistere a qualche spettacolo: canto, danza, cabaret e giochi di prestigio. La gente si ferma volentieri a sostenere questi artisti ancora sconosciuti, ma con del talento.

Per quanto riguarda la recitazione, invece, è d'obbligo una tappa nel distretto di 대학로 (Tē-hak-nŏ), nella direzione opposta dispetto a 홍대(Hŏng-dē). È famosa per i piccoli teatri e compagnie teatrali che vi si esibiscono. È un'altra zona molto artistica della città, ma con un'atmosfera completamente diversa rispetto a quella di 홍대(Hŏng-dē), più festaiola e notturna.

Queste due zone sono ritenute studentesche e persone più adulte preferiscono altri passatempi. C'è infatti una passione che accomuna tutti i vecchietti del Paese: il trekking. Armati di tutto punto affollano la metro nelle mattinate del fine settimana.

Zaino, Scarpe, tute apposite e bastoni…non si fanno mancare nulla per un'esperienza a 360°. Mi è capitato di fermarmi con un gruppo di simpatici vecchietti durante una scarpinata in montagna e mi è stato offerto del liquore tipico locale…a metà strada verso la vetta e alle neanche 4 di pomeriggio! **La moda del trekking non poteva che scoppiare in un territorio tanto montuoso: basta prendere la metro per raggiungere qualche zona adatta al trekking**. Montagne circondano tutta la città e in alcune zone è ancora possibile vedere le antiche mura che la recintavano. È un'uscita che vi consiglio vivamente, bella sia a livello artistico, che naturale e sportivo.

Oltre agli sport diffusi in tutto il mondo ci sono quelli tipici locali che possono essere ammirati spesso in zone turistiche come il 남산골한옥마을 (Nam-san-gŏl Ha-nŏk-ma-ŭl), un antico villaggio coreano dove vengono proposte numerosissime attività tra cui la cerimonia del thè, la prova di abiti tradizionali, giochi del passato, etc.

Vicino l'entrata hanno montato un palco dove fanno esibizioni di danza con i ventagli, canto/strumenti tradizionali e 태권도 (Thē-kuōn-dŏ, arte marziale coreana).

Queste esibizioni non sono dedicate solamente agli stranieri, ma a tutte le famiglie coreane che portano i figli piccoli a conoscere le loro origini.

시간이있을때뭐해요?
"Shi-ga-ni i-ssŭl ttē muō-hē-yŏ?"
"Quando hai tempo cosa fai?"

시간을남을때뭐해요?
"Shi-ga-nŭl na-mŭl ttē muō-hē-yŏ?"
"Cosa fai quando ti avanza tempo?"

때 l'abbiamo già incontrato in 점심때 oppure 크리스마스때.

In questi casi 때 si lega ad un nome. La struttura –을/ㄹ때, invece, si unisce ai verbi.

먹을때 (Mō-gŭl ttē) = "Quando mangio"

잘때 (Cial ttē) = "Quando dormo"

공부할때 (Kŏng-bu-hal ttē) = "Quando studio"

여가시간에보통뭐해요?
"Yō-ga-shi-ga-nĕ pŏ-thŏng muō-hē-yŏ?"
"Cosa fai di solito nel tempo libero?"

취미가뭐예요?
"Hcui-mi-ga muō-yē-yŏ?"
"Quali sono i tuoi hobby?"

Con:

여가시간 = tempo libero

보통 = di solito

취미 = hobby

시간을있을때기타를쳐요
"Shi-ga-nŭl i-ssŭl ttē ki-tha-rŭl hciō-yŏ."
"Quando mi avanza tempo suono la chitarra."

여가시간에기타를쳐요
"Yō-ga-shi-ga-nĕ ki-tha-rŭl hciō-yŏ."
"Nel tempo libero suono la chitarra."

제취미는기타를치는것이에요
"Ciĕ hciui-mi-nŭn ki-tha-rŭl hci-nŭn gō-shi-ĕ-yŏ."
"Il mio hobby è suonare la chitarra."

La struttura di quest'ultima frase è diversa da ciò che abbiamo visto fin'ora.

치는것이에요 ("hci-nŭn gō-shi-ĕ-yŏ"):

-이에요 sappiamo essere il verbo "ESSERE"

것 (kōt) – cosa

La struttura -ㄴ/는것이다 ("n/nŭn gō-shi-da") rende un verbo soggetto come abbiamo già visto con –기 ("-ki").

-ㄴ/는것이다 è però più diffuso e comprende la trasformazione di un verbo in aggettivo attraverso -ㄴ/는 che vedremo in secondo luogo.

Il verbo in "치는것이에요" è 치다 ("hci-da").

Il suo significato sarebbe "colpire", ma viene usato assieme ad alcuni strumenti musicali per esprimere l'azione di "suonare".

Da qui 기타를치다 (ki-tha-rŭl hci-da), 드럼을치다 (tŭ-rō-mŭl hci-da, suonare la batteria) e 피아노를치다 (phi-a-nŏ-rŭl hci-da, suonare il pianoforte).

Con la struttura ㄴ/는것 (n/nŭn gōt) appena vista potremmo anche dire:

기타를치는것을좋아해요
"Ki-tha-rŭl hci-nŭn gō-sŭl ciŏ-a-hē-yŏ."
"Mi piace suonare la chitarra."

Il verbo 좋아하다 (ciŏ-a-ha-da) può essere usato per esprimere tutto ciò che ci piace:

커피를좋아해요
"Khō-phi-rŭl ciŏ-a-hē-yŏ."
"Mi piace il caffè."

케이크를좋아해요
"Khĕ-i-khŭ-rŭl ciŏ-a-hē-yŏ."
"Mi piacciono i dolci."

꽃을좋아해요
"Kkŏ-hciŭl ciŏ-a-hē-yŏ."
"Mi piacciono i fiori."

친구를만나는것을좋아해요
"Hcin-gu-rŭl man-na-nŭn gō-sŭl ciŏ-a-hē-yŏ."
"Mi piace incontrare gli amici."

남자친구랑데이트를하는것을좋아해요
"Nam-ja-hcin-gu-rang tĕ-i-thŭ-rŭl ha-nŭn gō-sŭl ciŏ-a-hē-yŏ."
"Mi piace uscire con il mio ragazzzo."

텔레비전을보는것을좋아해요
"Thĕl-lĕ-bi-jō-nŭl pŏ-nŭn gō-sŭl ciŏ-a-hē-yŏ."
"Mi piace guardare la televisione."
Con:
텔레비전 (thĕl-lĕ-bi-jōn) = Televisione

보다 (pŏ-da) = Guardare

스포츠를하는것을좋아해요
"Sŭ-phŏ-hciŭ-rŭl ha-nŭn gō-sŭl ciŏ-a-hē-yŏ."
"Mi piace fare sport."
Con:
스포츠 (sŭ-phŏ-hciŭ) = Sport

Noi abbiamo visto la frase: "Mi piace suonare la chitarra."
기타를치는것을좋아해요

Se invece ci piacesse la chitarra ma non sapessimo suonarla? E se volessimo imparare a suonarla?

기타를치는것
Ki-tha-rŭl hci-nŭn gōt.

"Il fatto" di suonare la chitarra.

Lasciamo questa parte della frase invariata; andiamo invece a sostituire il verbo principale: al posto di 좋아하다 (ciŏ-a-ha-da) mettiamo il verbo "imparare" 배우다 (pē-u-da).

기타를치는것을배워요
Ki-tha-rŭl hci-nŭn gō-sŭl pē-uō-yŏ.
Imparo a suonare la chitarra.

La frase "mi piacerebbe imparare a suonare la chitarra" viene, invece, espressa così:
기타를치는것을배우고싶어요
"Ki-tha-rŭl hci-nŭn gō-sŭl pē-u-gŏ shi-phō-yŏ."

La differenza tra "기타를치는것을배워요" e "기타를치는것을배우고싶어요" sta tutta nella parte finale della frase, in ciò che concerne il verbo principale.

배워요 (pē-uō-yŏ) è il verbo "imparare" da solo, coniugato nella forma cortese in -요 (-yŏ).

배우고싶어요 (pē-u-gŏ shi-phō-yŏ) vede invece:

1. 배우- (pē-u-) la radice del verbo "imparare" 배우다 (pē-u-da)
2. -고싶어요 (-gŏ shi-phō-yŏ)

-고싶어요 (-gŏ shi-phō-yŏ) non è altro che la coniugazione cortese della forma grammaticale -고싶다 (-gŏ ship-ta).

-고싶다 (-gŏ ship-ta) legato a qualsiasi verbo d'azione vi permette di esprimere tutto quello che vorreste fare!

스파게티를먹고싶어요
"Sŭ-pha-ghĕ-thi-rŭl mōk-kŏ shi-phō-yŏ."
"Vorrei mangiare spaghetti."

자고싶어요
"Cia-gŏ shi-phō-yŏ."
"Vorrei dormire/vorrei andare a dormire."

일본에가고싶어요
"Il-bŏ-nĕ ka-gŏ shi-phō-yŏ."
"Vorrei andare in Giappone."

Allo stesso modo abbiamo trovato la frase:
기타를치는것을배우고싶어요

"Ki-tha-rŭl hci-nŭn gō-sŭl pē-u-gŏ shi-phō-yŏ."
"Mi piacerebbe imparare a suonare la chitarra"

A: "오늘뭐하고싶어요?"
"Ŏ-nŭl muō ha-gŏ shi-phō-yŏ?"
"Cosa vorresti fare oggi?"

B: "바다에가고싶어요"
"Pa-da-ĕ ka-gŏ shi-phō-yŏ."
"Vorrei andare al mare."

친구를만나고싶어요
"Hcin-gu-rŭl man-na-gŏ shi-phō-yŏ."
"Vorrei incontrarmi con gli amici."

프랑스어를공부하고싶어요
"Phŭ-rang-sŭ-ō-rŭl kŏng-bu-ha-gŏ shi-phō-yŏ."
"Vorrei studiare il francese."

중국에가고싶어요
"Ciung-gu-ghĕ ka-gŏ shi-phō-yŏ."
"Vorrei andare in Cina."

수영을하고싶어요
"Su-yōng-ŭl ha-gŏ shi-phō-yŏ."
"Vorrei nuotare."

커피를마시고싶어요
"Khō-phi-rŭl ma-shi-gŏ shi-phō-yŏ."
"Vorrei bere del caffè."

A: 무슨일하고싶으세요?
"Mu-sŭn il ha-gŏ shi-phŭ-sĕ-yŏ?"
"Che lavoro ti piacerebbe fare?"

B: 의사가되고싶어요
"Ŭi-sa-ga tue-gŏ shi-phō-yŏ."
"Vorrei diventare medico."

Con:
의사 (ŭi-sa) = medico

-가 è presente perché il verbo 되다 ("tue-da", diventare) richiede sempre la presenza della particella del soggetto 이/가.

18.1. Esercizi

1: Componete la frase tra virgolette unendo i verbi indicati con 좋아해요 (ciŏ-a-hē-yŏ):

Esempio:

여행 (yō-hēng) = Viaggio

여행을하다 (yō-hēng-ŭl ha-da) = Viaggiare

여행을하는것을좋아해요
"Yō-hēng-ŭl ha-nŭn gō-sŭl ciŏ-a-hē-yŏ."
= "Mi piace viaggiare."

A) 해외에가다 (hē-ue-ĕ ka-da) = Andare all'estero
"Mi piace andare all'estero."

B) 춤 (hcium) = Il ballo/la danza

춤을추다 (hciu-mŭl hciu-da) = Ballare/Danzare
"Mi piace ballare."

C) 노래 (nŏ-rē) = Canzone

노래를하다 (nŏ-rē-rŭl ha-da) = Cantare
"Mi piace cantare."

D) 수영을하다 (su yōng-ŭl ha-da) = Nuotare
"Mi piace nuotare."

E) 바다 (pa-da) = Mare

바다에가다 (pa-da-ĕ ka-da) = Andare al mare
"Mi piace andare al mare."

F) 등산을하다 (tŭng-sa-nŭl ha-da) = Fare trekking
"Mi piace fare trekking."

G) 축구 (hciuk-ku) = Il calcio

축구를하다 (hciuk-ku-rŭl ha-da) = Giocare a calcio
"Mi piace giocare a calcio."

H) 농구 (nŏng-gu) = Il basket

농구를하다 (nŏng-gu-rŭl ha-da) = Giocare a basket
"Mi piace giocare a basket."

I) 조깅 (ciŏ-ghing) = Jogging

조깅을하다 (ciŏ-ghing-ŭl ha-da) = Fare jogging

"Mi piace fare jogging."

L) 책 (hciĕk) = Libro

읽다 (ik-ta) = Leggere

책을읽다 (hciĕ-kŭl ik-ta) = Leggere libri

"Mi piace leggere libri

2: Unite la forma grammaticale –고싶어요 (-gŏ shi-phō-yŏ) alle frasi qui di seguito.

Esempio:

영화 (yōng-hua) = Film

보다 (pŏ-da) = Vedere

영화를보다 (yōng-hua-rŭl pŏ-da) = Vedere un film

"Vorrei vedere un film."

영화를보고싶어요

"Yōng-hua-rŭl pŏ-gŏ shi-phō-yŏ."

A) 물 (mul) = Acqua

마시다 (ma-shi-da) = Bere

물을마시다 (mu-rŭl ma-shi-da) = Bere dell'acqua

"Vorrei bere dell'acqua."

B) 자전거 (cia-jōn-gō) = Bicicletta

타다 (tha-da) = Andare (come utilizzo di un mezzo di trasporto)

자전거를타다 (cia-jōn-gō-rŭl tha-da) = Andare in bicicletta

"Vorrei andare in bicicletta."

C) 결혼하다 (kyō-rŏn-ha-da) = Sposare

여자친구랑결혼하다 (yō-ja-hcin-gu-rang kyō-rŏn-ha-da) = Sposarmi con la mia ragazza

"Vorrei sposarmi con la mia ragazza."

D) 소풍 (sŏ-pung) = Picnic

소풍을하다 (sŏ-pung-ŭl ha-da) = Fare un picnic

"Vorrei fare un picnic."

E) 강아지 (kang-a-ji) = Cagnolino

키우다 (khi-u-da) = Far crescere

강아지를키우다 (kang-a-ji-rŭl khi-u-da) = Crescere un cagnolino
"Vorrei crescere un cagnolino."

F) 미용품 (mi-yŏng-phum) = Cosmetici

미용품을사다 (mi-yŏng-phu-mŭl sa-da) = Comprare cosmetici
"Vorrei comprare dei cosmetici."

G) 음식 (ŭm-shik) = Cibo

준비하다 (ciun-bi-ha-da) = Preparare

음식을준비하다 (ŭm-shi-gŭl ciun-bi-ha-da) = Preparare del cibo
"Vorrei preparare del cibo."

H) 들어가다 (tŭ-rō-ga-da) = Entrare

대학교에들어가다 (tē-hak-kyŏ-ĕ tŭ-rō-ga-da) = Entrare all'università
"Vorrei entrare all'università."

I) 취직하다 (hciui-ji-kha-da) = Trovare lavoro

한국에서취직하다 (han-gu-ghĕ-sō hciui-ji-kha-da) = Trovare lavoro in Corea
"Vorrei trovare lavoro in Corea."

L) 아이스크림 (a-i-sŭ-khŭ-rim) = Gelato

아이스크림을먹다 (a-i-sŭ-khŭ-ri-mŭl mōk-ta) = Mangiare un gelato
"Vorrei mangiare un gelato."

18.2. I segreti svelati in questo capitolo

- Il Kpop, pop coreano, è sempre più diffuso a livello mondiale. Molti giovani sperano di superare i provini e diventare famosi; per questo motivo da qualche anno c'è la moda per il canto e il ballo.

- La struttura grammaticale -을/ㄹ 때 si lega ai verbi e indica il "quando" svolgiamo un'azione.

- -ㄴ/는것이다 ha la stessa funzione di –기: nominalizza i verbi.

- -ㄴ/는것을좋아하다 unito a un verbo può essere usato per esprimere tutto ciò che piace.
- -고싶다si lega ai verbi ed esprime la voglia di fare qualcosa.
- Il verbo -되다 ("diventare") ha sempre bisogno del soggetto 이/가 prima di sè.

18.3. Soluzioni

1)

A: 해외에가는것을좋아해요
"Hē-ue-ĕ ka-nŭn gō-sŭl ciŏ-a-hē-yŏ."

B: 춤을추는것을좋아해요
"Hciu-mŭl hciu-nŭn gō-sŭl ciŏ-a-hē-yŏ."

C: 노래를하는것을좋아해요
"Nŏ-rē-rŭl ha-nŭn gō-sŭl ciŏ-a-hē-yŏ."

D: 수영을하는것을좋아해요
"Su-yōng-ŭl ha-nŭn gō-sŭl ciŏ-a-hē-yŏ."

E: 바다에가는것을좋아해요
"Pa-da-ĕ ka-nŭn gō-sŭl ciŏ-a-hē-yŏ."

F: 등산을하는것을좋아해요
"Tŭng-sa-nŭl ha-nŭn gō-sŭl ciŏ-a-hē-yŏ."

G: 축구를하는것을좋아해요
"Hciuk-ku-rŭl ha-nŭn gō-sŭl ciŏ-a-hē-yŏ."

H: 농구를하는것을좋아해요
"Nŏng-gu-rŭl ha-nŭn gō-sŭl ciŏ-a-hē-yŏ."

I: 조깅을하는것을좋아해요
"Ciŏ-ghing-ŭl ha-nŭn gō-sŭl ciŏ-a-hē-yŏ."
L: 책을읽는것을좋아해요
"Hciĕ-kŭl in-nŭn gō-sŭl ciŏ-a-hē-yŏ."

2)

A: 물을마시고싶어요
"Mu-rŭl ma-shi-gŏ shi-phō-yŏ."

B: 자전거를타고싶어요
"Cia-jōn-gō-rŭl tha-gŏ shi-phō-yŏ."

C: 여자친구랑결혼하고싶어요
"Yō-ja-hcin-gu-rang kyō-rŏn-ha-gŏ shi-phō-yŏ."

D: 소풍을하고싶어요
"Sŏ-pung-ŭl ha-gŏ shi-phō-yŏ."

E: 강아지를키우고싶어요
"Kang-a-ji-rŭl khi-u-gŏ shi-phō-yŏ."

F: 미용품을사고싶어요
"Mi-yŏng-phu-mŭl sa-gŏ shi-phō-yŏ."

G: 음식을준비하고싶어요
"Ŭm-shi-gŭl ciun-bi-ha-gŏ shi-phō-yŏ."

H: 대학교에들어가고싶어요
"Tē-hak-kyŏ-ĕ tŭ-rō-ga-gŏ shi-phō-yŏ."

I: 한국에서취직하고싶어요
"Han-gu-ghĕ-sō hciui-ji-kha-gŏ shi-phō-yŏ."

L: 아이스크림을먹고싶어요
"A-i-sŭ-khŭ-ri-mŭl mōk-kŏ shi-phō-yŏ."

19. TUTTO DI FRETTA – IL POPOLO DAL SANGUE CALDO

I Coreani si definiscono "popolo dal sangue caldo".

Ci si accorge della cosa in maniera particolare guardando la tv coreana. Film e telefilm fanno concorrenza alle telenovela spagnole: gente che urla, piange, si picchia... ai coreani piacciono le sensazioni forti. Passione, gelosia, rabbia, vendetta… questi sono i veri protagonisti dello schermo.

C'è un detto in Corea che dice che coreani e italiani si assomigliano molto: come entrambe le nazioni sono penisole, così anche i loro abitanti si assomigliano…passionali e sentimentali.

C'è però una caratteristica che fa la grande differenza tra i due popoli e questa è la concezione del tempo.

In Italia abbiamo il "dolce far niente". Con l'economia di questi tempi e tutto il resto a volte ce ne dimentichiamo anche noi, ma la tranquillità nel vivere ci caratterizza da dentro: gustarsi il sole d'estate, guardare un cielo stellato, degustare un bicchiere di vino durante l'happy hour, stare per ore a tavola a conversare… sono solo alcuni esempi di cose che finiamo per fare senza pensarci, per il piacere di vivere.

Noi abbiamo la concezione del "pian piano", mentre in Corea il raddoppio si ha nella parola "veloce".

빨리빨리 (ppal-li ppal-li) = **veloce veloce**

Questo rafforzamento si sente spesso dire dai coreani, in tutte le occasioni.

Tutto nella vita di un coreano è caratterizzato dalla velocità.

Molti negozietti in tutti gli angoli della città sono aperti 24 ore su 24, tenendo un po' di tutto: dal cibo, alla cancelleria ai carica batterie (si può lasciare il telefono a caricare in caso di bisogno).

La consegna del cibo a domicilio viene fatta in tempo record a tutte le ore del giorno e della notte.

La metro passa anche ogni 2 minuti, autobus girano tutto il giorno e spesso anche di notte, i taxi sono dappertutto e corrono in stile formula uno. Verrete giornalmente superati da qualche scooter delle consegne, che per fare più in fretta sceglierà il marciapiede alla strada.

Se portate il vostro telefono a riparare ci metteranno pochi minuti, controllandolo sul luogo, senza doverlo spedire in sede.

Lo stesso vale per analisi e risultati medici: vi chiederanno scusa per l'attesa pur impiegandoci solo poche ore.

Il cibo che ordinate ai ristoranti vi arriverà in tavola nel giro di cinque minuti.

Dovete stare attenti quando prendete le scale mobili: come a Milano, c'è una regola non scritta che dice che la gente ferma sta a destra, mentre la metà sinistra del gradino deve sempre rimanere libera, per coloro che volessero velocizzare il processo continuando a salire a piedi. Lo stesso vale per le scale normali: bisogna tenere la destra!

Negli orari di punta la metro si riempie di gente e tutti devono andare nella stessa direzione. Non c'è tempo per scansare le persone. **A volte il senso di marcia è chiaramente segnato con cartelli, insegne o stickers sul pavimento.**

In tutti gli ascensori ci sono due tasti con le frecce: uno con due frecce che si puntano una con l'altra, mentre il secondo con due frecce che vanno nelle direzioni opposte (una a destra e una a sinistra). Il primo velocizza la chiusura delle porte, mentre il secondo lo rallenta. Quest'ultimo viene usato se stiamo salutando qualcuno e abbiamo bisogno di due secondi in più, o per venire in aiuto a qualcuno che sta perdendo l'ascensore. Non viene quindi usato molto spesso. Il tasto per velocizzare la chiusura, invece, è un must: diventa un'abitudine. Finiamo tutti per schiacciare il tasto del piano che desideriamo e quello per far chiudere le porte subito dopo. Non c'è tempo da perdere, nemmeno due secondi per colpa dell'ascensore automatizzato.

A volte l'ascensore è pieno e quando arriva al piano che desiderate non c'è spazio per passare e scendere… in questo caso cosa dire?

Niente paura! Vi basterà sapere:

잠시만요
"Ciam-shi-ma-nyŏ."
"Mi scusi…"

A questa parola qualsiasi coreano si scanserà e se proprio vi fissassero rimanendo immobili potrete aggiungere:

먼저내릴게요
"Mōn-jō nē-ril-kĕ-yŏ."
"Devo scendere."

Con:

먼저 (mōn-jō) = "Per primo"

내리다 (nē-ri-da) = "Scendere"

-ㄹ게요 (-l kĕ-yŏ) = Formula del futuro immediatamente prossimo o delle decisioni prese al momento

먼저내릴게요 (mōn-jō nē-ril-kĕ-yŏ) sarebbe letteralmente "scenderò per primo".

ㄹ게요 (-l kĕ-yŏ) viene usato molto spesso, soprattutto in frasi di questo tipo:

제가할게요
"Ciĕ-ga hal-kĕ-yŏ."
"Lo faro io."
(Proponendosi per qualcosa)

약속이있어서먼저갈게요
"Yak-sŏ-ghi i-ssō-sō mōn-jō kal-kĕ-yŏ."
"Visto che ho degli impegni vado via prima."

Vi chiederete cosa sia –서 (-sō) legato al verbo 있다 (i-tta).

Si tratta di una congiunzione: viene usata per dare una spiegazione o per collegare due frasi che si susseguono temporalmente (influenzandosi).

Grammaticalmente viene esattamente a sostituire –요 (-yŏ).

Il verbo di base è 있다 (i-tta, "essere").

약속이있어요 = Ho un impegno

약속이있어서… = Dato che ho un impegno…

Vediamo un altro esempio per capire meglio la regola:
커피를좋아해서매일마셔요
"Khō-phi-rŭl ciŏ-a-hē-sō mē-il ma-shiō-yŏ."
"Dato che il caffè mi piace lo bevo tutti i giorni."

Questa coniugazione può essere usata solo attraverso il presente.
Se ad esempio volessimo dire "so bene l'inglese perché sono stato in America", "sono stato in America" sarebbe al passato:
미국에갔어요
"Mi-gu-ghĕ ka-ssō-yŏ."
Il verbo non diventerebbe ~~갔어서~~ (ka-ssō-sō), ma resterebbe 가서 (ka-sō), come al presente.
La frase intera quindi è:
미국에가서영어를잘해요
"Mi-gu-ghĕ ka-sō yōng-ō-rŭl cial hē-yŏ."
"So bene l'inglese perché sono stato in America."

I coreani non sono solo veloci nelle loro azioni, sono veloci anche a parlare, soprattutto le persone di una certa età. Vediamo ora delle piccole frasi da poter usare in qualsiasi momento nel caso non foste in grado di capire o seguire appieno il discorso del vostro interlocutore.

죄송합니다
"Ciue-sŏng-ham-ni-da."
"Mi scusi."

이해가안돼요
"I-hē-ga an duē-yŏ."
"Non capisco."

한국어를잘못해요
"Han-gu-gō-rŭl cial mŏt hē-yŏ."
"Non so bene il coreano."

다시말해주세요
"Ta-shi mal-hē-ciu-sĕ-yŏ."
"Me lo ridica di nuovo."

한번더말해주세요
"Han-bōn tō mal-hē-ciu-sĕ-yŏ."
"Me lo ridica un'altra volta."

천천히말해주세요
"Hciōn-hciōn-hi mal-hē-ciu-sĕ-yŏ."
"Me lo dica lentamente."

써주세요
"Ssō-ciu-sĕ-yŏ."
"Me lo scriva."

안들렸어요
"An tŭl-lyō-ssō-yŏ."
"Non ho sentito."

알아듣지못했어요
"A-ra-tŭ-jji mŏt hē-ssō-yŏ."
"Non sono riuscito a comprendere."

다른말로해주세요
"Ta-rŭn mal-lŏ hē-ciu-sĕ-yŏ."
"Me lo dica con altre parole."

영어로말해주세요
"Yōng-ō-rŏ mal-hē-ciu-sĕ-yŏ."
"Me lo dica in inglese."

Se invece fossimo noi quelli senza tempo da dedicare a nessuno ecco qualche frase per poter fuggire via a cuor leggero!

지금좀바빠요
"Ci-gŭm ciŏm pa-ppa-yŏ."
"Al momento sono un po' impegnato."

시간이없어요
"Shi-ga-ni op-ssō-yŏ."
"Non ho tempo."

가야돼요
"Ka-ya duē-yŏ."
"Devo andare."

좀이따가이야기해요
"Ciŏm i-tta-ga i-ya-ghi hē-yŏ."
"Ne riparliamo tra poco."

5분후에다시전화해주세요
"Ŏ-bun hu-ĕ ta-shi ciōn-hua-hē-ciu-sĕ-yŏ."

"Mi richiami tra 5 minuti."

5분후에다시전화해드릴게요
"Ŏ-bun hu-ĕ ta-shi ciōn-hua-hē tŭ-ril-kĕ-yŏ."
"La richiamo tra 5 minuti."

Ed infine qualche frase sull'aspettare…

늦어서죄송합니다
"Nŭ-jō-sō ciue-sŏng-ham-ni-da."
"Scusi per il ritardo."

잠깐만요
"Ciam-kkan-ma-nyŏ."
"Un attimo…"

기다려주세요
"Ki-da-ryō-ciu-sĕ-yŏ."
"Mi aspetti."

잠깐만기다려주세요
"Ciam-kkan-man ki-da-ryō-ciu-sĕ-yŏ."
"Mi aspetti un secondo."

빨리오세요
"Ppal-li ŏ-sĕ-yŏ."
"Venga veloce."
(Quando stiamo aspettando qualcuno lo diciamo per incitarlo a non fare tardi)

19.1. Esercizi

1: Trovate la traduzione più adatta a queste frasi.

A) 잠시만요:
1. Mi scusi…
2. Devo scendere

B) Non capisco:
1. 이해가안돼요
2. 안들렸어요

C) Me lo dica lentamente:

1. 한번더말해주세요

2. 천천히말해주세요

D) 써주세요:

1. Me lo ripeta
2. Me lo scriva

E) 지금좀바빠요:

1. Al momento non ho tempo
2. Al momento sono impegnato

F) 5분후에다시전화해드릴게요:

1. Mi richiami tra 5 minuti
2. La richiamo tra 5 minuti

2: Completate le frasi scegliendo la parola mancante tra le due opzioni.

A) ___ 내릴게요:

1. 좀

2. 먼저

B) 약속이 ___ 먼저갈게요:

1. 있어서

2. 있서

C) 영어___ 말해주세요:

1. 로

2. 도

3: Applicate la congiunzione –서 ai seguenti verbi.

Esempio:

하다, 해요

\+ 서

= 해서

A) 먹다, 먹어요 (mangiare)

B) 마시다, 마셔요 (bere)

C) 자다, 자요 (dormire)

D) 읽다, 읽어요 (leggere)

E) 만나다, 만나요 (incontrare)

F) 타다, 타요 (prendere - un mezzo pubblico)

G) 치다, 쳐요 (colpire, suonare)

H) 보다, 봐요 (vedere)

I) 쓰다, 써요 (scrivere)

L) 추다, 춰요 (ballare)

19.2. I segreti svelati in questo capitolo

- Un detto coreano dice che gli italiani e i coreani si assomigliano molto di carattere, perché l'Italia e la Corea sono entrambe penisole.

- La concezione coreana del tempo è molto diversa dalla nostra: noi italiani abbiamo il "dolce far niente" e il "pian piano"; in Corea invece hanno l'idea del "veloce veloce" (빨리빨리).

- Tutto nella vita di un coreano è caratterizzato dalla velocità; non perdono tempo in alcun momento della giornata: parlano, mangiano e camminano veloce...ogni secondo è prezioso.

- -ㄹ게요è la struttura grammaticale per creare il futuro immediatamente prossimo o per esprimere delle decisioni prese sul momento.

- –서 legato ad un verbo consiste in una congiunzione. Costituisce una subordinata che fornisce spiegazioni riguardo la frase principale, oppure collega due azioni che avvengono in successione.

- –서 si lega solamente ai verbi coniugati al presente; se un'azione è al passato la scriviamo comunque al presente, sarà poi il contesto a chiarire.

19.3. Soluzioni

1)
A, 1
B, 1
C, 2
D, 2

E, 2
F, 2

2)

A, 2 (먼저내릴게요)

B, 1 (약속이있어서먼저갈게요)

C, 1 (영어로말해주세요)

3)

A: 먹어서

B: 마셔서

C: 자서

D: 읽어서

E: 만나서

F: 타서

G: 쳐서

H: 봐서

I: 써서

L: 춰서

20. SEMBRA UNA BETTOLA... GNAM! – COME ORDINARE DA MANGIARE AL RISTORANTE

A Seul si può mangiare di tutto. Qualsiasi cucina del mondo trova almeno un piccolo posticino in questa metropoli gigantesca. Esiste perfino un ristorante di sole pietanze siciliane! Sfortunatamente non è la meta ideale per coloro che sono a dieta.

La città ha banchetti di cibo in tutti gli angoli della strada: dai dolci (waffle, panetti all'uovo, biscottini con la crema), al genuino (frutta, spremute, castagne), al salato (spiedini, gnocchi di riso, panini, fritture di tutti i tipi).

Ci sono dei banchetti fissi e altri che cambiano menù a seconda della stagione o della moda. Il risultato, però, è uno solo: portafoglio vuoto, pancia piena e faccia brufolosa.

Per chi volesse mangiare bere, facendo dei pasti seri, c'è una bella notizia!

Il cibo coreano è molto economico; mangiare spesso fuori è accessibile a tutti. Un piattone di riso con verdure e carne costa dai 4.500 ai 6.000 won. Siamo all'incirca sui 5 euro. Niente male! E si esce dal ristorante belli pieni!

Ovviamente il cibo straniero si paga di più, sia per la reperibilità degli ingredienti, sia per un fattore di moda. Il cibo cinese e giapponese rimane comunque molto accessibile, ma per piatti europei o americani i prezzi raddoppiano. **Mangiare rimane comunque molto economico rispetto all'Italia.**

All'inizio i ristoranti sembrano più o meno tutti uguali, con il tempo ci si fa il palato e si inizia a capire dove è più o meno buono. **Nel tempo ho capito che per il vero gusto coreano bisogna cercare le signore un po' anzianotte.** Ci sono molte catene che usano solo aromi artificiali e i cuochi sono stranieri. **Mi ci è voluto un po' per trovare i posti giusti: vere catapecchie, con il muro scrostato, le sedie arrugginite e gli aloni sui tavoli.** Quelli sono i posti "veri", gestiti da signore che la mezza età l'hanno passata da molto tempo e che cucinano da una vita, se non due.

All'inizio si fa molta fatica ad entrare in posti del genere. Ci mettiamo piede con occhio occidentale, per cui un controllo sanitario farebbe probabilmente chiudere tutto per sempre. Il gusto però c'è e anche la gentilezza del personale, perché questi posti sono sempre a gestione familiare. Alla fine non sono mai stata male mangiando in questi posti, per cui il degrado immagino sia solamente apparente.

Ci sono dei modi di fare nella cucina coreana che vi lasceranno un po' perplessi. Prima di tutto l'immancabile carta igienica. La troverete ovunque! Per le bettole della città sono come dei tovaglioli. Ogni tavolo ha il suo rotolino di carta in modo che ci si possa servire senza problemi.

Per qualsiasi cosa ci sia da tagliare sulla tavola, invece, vi verranno fornite delle normali forbici (in particolare per la carne da grigliare). **Infine i tavoli vengono spesso puliti con dei tergicristalli.** Veri shock culturali per gli occhi!

L'acqua è sempre gratuita. È quella di "rubinetto", ma viene sempre filtrata dai depuratori a parete. Probabilmente vi porteranno una bottiglia di plastica riempita assieme ai bicchieri. Se la finite basta chiedere (vedremo dopo come) o se decidete di arrangiarvi vedrete due boccucce con su scritto:

온수 (ŏn-su) per l'acqua calda

냉수 (nēng-su) per l'acqua fredda.

Le posate coreane consistono in 2 bacchette e un cucchiaio e sono rigorosamente d'acciaio. Se non sono visibili su un contenitore sopra il tavolo, si trovano in un cassettino segreto laterale.

Assieme a quello che avete ordinato vi arriveranno anche delle piccole scodelline, di solito tre. Queste contengono i così-detti **반찬** (pan-hcian): **i contorni**.

Essi variano a seconda del gusto della casa, ma solitamente sono una **zuppa calda**, **김치** (kim-hchi) e **당무지** (tang-mu-ji).

Il **김치** (kim-hchi) **è cavolo fermentato piccante: il cibo simbolo della Corea.**

당무지 (tang-mu-ji) è una **radice di colore giallo.**

Tutte queste pietanze sono assolutamente gratuite e potete mangiarne quanto volete: sono il "service" della casa. **Potete richiederne ancora o andare da soli a riempirvi le coppette nel caso siano a portata di mano.**

Ci sono alcuni ristoranti con la griglia o il ripiano cottura in mezzo alla tavola. Quasi sempre vi verranno servite le cose crude su un piatto e si aspettano che vi arrangiate a cucinarle (secondo il gusto personale), altre volte invece è politica del locale cucinare davanti agli occhi del cliente. In questi casi lasciate fare "all'esperto", che continuerà ad andare avanti e indietro da un tavolo all'altro lasciandovi con il dubbio se potete tuffarvi a mangiare oppure no. Ma c'è il segreto! Quando spengono il gas o qualsiasi sia la cosa che crea calore è il segnale che hanno terminato e potete iniziare a mangiare senza preoccupazioni.

Se nel tavolo dove state banchettando c'è un piccolo tondino (di solito nero e rosso), con le sembianze di una scatoletta per le mentine, si aspettano che voi ne premiate il centro in caso di bisogno. Si tratta di un campanello che fa arrivare il cameriere direttamente al vostro tavolo, senza il bisogno che urliate o vi sbracciate per attirare la sua attenzione.

A differenza del Giappone non ci sono ulteriori tasse da applicare al prezzo che vedete esposto e non si aspettano nemmeno che lasciate la mancia. Anzi sono loro a volte a lasciarvi qualche caramellina. Di solito tengono caramelle alla menta piperita poste su una boccia trasparente in parte alla cassa.

Vediamo ora passo per passo come sconfiggere qualsiasi paura e riuscire a ordinare da mangiare.

Prima di tutto quando entrate potete tranquilllamente salutare con "**안녕하세요**".

Molte volte ci sarà un cameriere ad intercettarvi e a chiedervi:

몇명이세요?

"Myō-mmyōng-i-sĕ-yŏ?"

"In quanti siete?"

한명 (han-myōng), una persona

두명 (tu-myōng), due persone

세명 (sĕ-myōng), tre persone

네명 (nĕ-myōng), Quattro persone

…e così via, con –명 come contatore per persone.

두명이에요
"Tu-myōng-i-ĕ-yŏ."
"Siamo in due."

Vi faranno accomodare e mentre scegliete vi porteranno l'acqua.

Fortunatamente i menù hanno molte figure, quindi è piuttosto facile capire cosa andate ad ordinare (anche se è la prima volta).

Se il cameriere non torna più potete chiamarlo con:

저기요
"Ciō-ghi-yŏ."
"Laggiù."

떡볶이하나, 라면하나, 김밥두개주세요
"Ttōk-pŏ-kki ha-na, ra-myōn ha-na, kim-bap tu-ghē ciu-sĕ-yŏ."
"Ci dia un piatto di ttōk-pŏ-kki, un piatto di ra-myōn e due kim-bap."

Il **개** in "**두개**" è un contatore che ha valenza generale e potete usarlo in quasi tutte le situazioni. Ci sono contatori più specifici (anche uno apposito per i pacchetti di sigarette), ma sono troppi da memorizzare per un primo approccio con la lingua coreana.

Potete usare tranquillamente **개** per qualsiasi pietanza quando ordinate.

Quando vi porteranno il cibo e i contorni potrete ringraziare con "**감사합니다**".

Se avete bisogno di qualcos'altro potete attirare nuovamente l'attenzione del cameriere.

I coreani in questo caso, avendo già il cibo in tavola, spesso preferiscono dire:

여기요
"Yō-ghi-yŏ."
"Quaggiù."

물좀더주세요
"Mul ciŏm tō ciu-sĕ-yŏ."
"Mi dia un altro po' d'acqua."

반찬좀더주세요
"Pan-hcian ciŏm tō ciu-sĕ-yŏ."
"Mi dia un altro po' di contorni."

하나더주세요
"Ha-na tō ciu-sĕ-yŏ."
"Me ne dia un altro."

숟가락하다더주세요
"Su-kka-rak ha-na tō ciu-sĕ-yŏ."
"Mi dia un altro cucchiaio."

젓가락하나더주세요
"Ciō-kka-rak ha-na tō ciu-sĕ-yŏ."
"Mi dia un'altra bacchetta."

그릇하나더주세요
"Kŭ-rŭt ha-na tō ciu-sĕ-yŏ."
"Mi dia un altro piatto."

메뉴주세요
"Mĕ-nyu ciu-sĕ-yŏ."
"Mi dia il menù."

이거얼마예요?
"I-gō ōl-ma-yē-yŏ?"
"Quanto costa questo?"

김밥얼마예요?
"Kim-bap ōl-ma-yē-yŏ?"
"Quanto costa il kim-bap?"

안에뭐들어있어요?
"A-nĕ muō tŭ-rō-i-ssō-yŏ?"
"Cosa c'è dentro?"

후두알레르기가있어요
"Hu-du al-lĕ-rŭ-ghi ga i ssō-yŏ."
"Ho l'allergia alle noci."

후두빼주세요
"Hu-du ppē-ciu-sĕ-yŏ."
"Non metteteci le noci."

김치빼주세요
"Kim-hci ppē-ciu-sĕ-yŏ."
"Non metteteci il kim-hci."

고기 (kŏ-ghi) = **carne**

생선 (sēng-sōn) = **pesce**

치즈 (hci-jŭ) = **formaggio**

콩 (khŏng) = **fagioli**

Chi è allergico ai fagioli o in generale ai legumi deve stare particolarmente attento. **Molte merendine sembrano al cioccolato, ma il ripieno è invece pasta di fagioli.** Hanno spesso le stesse sembianze, pertanto accertatevi del contenuto!

팥 (phat) = **pasta di fagioli**

잘먹겠습니다
"Cial mōk-kĕ-ssŭm-ni-da."
"Mangerò bene." = Buon appetito!

잘드세요
"Cial tŭ-sĕ-yŏ."
"Mangia bene." = Buon appetito! (quando si offre del cibo)

잘먹었어요
"Cial mō-gō-ssō-yŏ."
"Ho mangiato bene."
(Da dire quando si finisce di mangiare come ringraziamento per il cibo ricevuto)

20.1. Esercizi

1: Sceglìete la traduzione più appropriata per queste frasi.

A) In quanti siete?
1. 몇명이세요?
2. 두명이세요?

B) Laggiù:
1. 여기요
2. 저기요

C) 물좀더주세요:
1. Mi dia un altro po' d'acqua
2. Me ne dia un altro

D) Mi dia un'altra bacchetta:
1. 젓가락하나더주세요
2. 숟가락하나더주세요

E) "Mangerò bene":

1. 잘드세요

2. 잘먹겠습니다

20.2. I segreti svelati in questo capitolo

- . Il cibo in Corea costa sorprendentemente poco! È molto economico rispetto all'Italia: con pochi soldi ci si può riempire la pancia fino a scoppiare.
- . Ci sono molti shock culturali legati ai ristoranti, a partire dall'igiene. In un normale locale coreano sono comuni rotolo di carta igienica, forbici e qualche volta anche tergicristalli.
- . L'acqua in Corea vi viene fornita gratuitamente, come i 반찬, i contorni che potete continuare a richiedere finché sarete pieni.
- . -명 è il contatore più utilizzato per le persone.
- . Ci sono due modi di chiamare il cameriere: 저기요 e 여기요. Il primo viene usato quando si vuole ordinare dopo aver deciso; il secondo è preferito a metà pasto, quando si vuol far notare che "qui", sulla nostra tavola, c'è qualcosa di mancante/finito o che vogliamo aggiungere.
- . Quando dovete ordinare pensate al nome della pietanza che volete mangiare, il numero puro coreano che ne rappresenta la quantità e ricordatevi "주세요"; ad esempio: "라면하나주세요".
- . Se avete qualche allergia fatelo sempre presente quando ordinate da mangiare! Cercate il nome di ciò di cui siete allergici e imparatevi a memoria la frase "___ 알레르기가있어요".

20.3. Soluzioni

1)

A, 1 (몇명이세요)

B, 2 (저기요)

C, 1 (Mi dia un altro po' d'acqua)

D, 1 (젓가락하나더주세요)

E, 2 (잘먹겠습니다)

21. LE SERVE LO SCONTRINO? – COME ORDINARE DA BERE AL BAR

Stranamente a quello che si pensi un caffè costa come un pasto.

I bar sono particolarmente cari, ma a costare è il tempo: è "illimitato", potete prendere un caffè e stare seduti lì per tutta la giornata e nessuno vi manderà via. Alcuni bar mettono a disposizione perfino l'acqua, per rendere il tempo che passate all'interno ancora più piacevole. **Ben presto scoprirete che i coreani non toccheranno mai le vostre cose. Anche se siete soli potete lasciare i vostri averi sul posto, andare in bagno e tornare tranquillamente.** Mi è personalmente successo di arrivare in un bar e sedermi accanto ad un tavolo con su appoggiati solamente un Mac e un Iphone. Sono passati molti minuti (almeno 15) prima di veder ricomparire il loro padrone. Nessuno è andato a mettervi mano nel frattempo.

Ora vedremo qualche frase per aiutarvi ad affrontare un ordine al bar.

어서오세요
"Ō-sō-ŏ-sĕ-yŏ."
"Benvenuto!"

뭐드릴까요?
"Muō tŭ-ril-kka-yŏ?"
"Cosa desidera?"

에스프레소하나주세요
"Ĕ-sŭ-phŭ-rĕ-sŏ ha-na ciu-sĕ-yŏ."
"Mi dia un espresso."

아메리카노 (a-mĕ-ri-kha-nŏ) = caffè americano

마키아토 (ma-ki-a-thŏ) = macchiato

카라멜마키아토 (kha-ra-mĕl ma-ki-a-thŏ) = macchiato al caramello

카푸치노 (kha-phu-hci-nŏ) = cappuccino

카페라떼 (kha-phĕ-ra-ttĕ) = caffèlatte

바닐라라떼 (pa-nil-la ra-ttĕ) = latte alla vaniglia

그린티라떼 (kŭ-rin-thi ra-ttĕ) = latte al thè verde

핫초콜릿 (hat hciŏ-khŏl-lit) = cioccolata calda

카페모카 (kha-phĕ-mŏ-kha) = caffè mocha

아이스커피 (a-i-sŭ khō-phi) = caffè con ghiaccio

차 (hcia) = thè

우유 (u-iu) = latte

두유 (tu-iu) = latte di soia

위핑크림 (ui-phing-khŭ-rim) = panna montata

에스프레소꼰파냐 (ĕ-sŭ-phŭ-rĕ-sŏ kkŏn-pha-nya) = espresso con panna

스무티 (sŭ-mu-thi) = smoothie

과일쥬스 (kua-il ciu-sŭ) = succo di frutta

생과일쥬스 (sēng-kua-il ciu-sŭ) = succo di frutta fresco

딸기 (ttal-ghi) = fragola

딸기쥬스 (ttal-ghi ciu-sŭ) = succo di fragola

사과 (sa-gua) = mela

사과쥬스 (sa-gua ciu-sŭ) = succo di mela

오렌지 (ŏ-rĕn-ji) = arancia

오렌지쥬스 (ŏ-rĕn-ji ciu-sŭ) = succo d'arancia

키위 (khi-ui) = kiwi

바나나 (pa-na-na) = banana

포도 (phŏ-dŏ) = uva

청포도 (hciōng-phŏ-dŏ) = uva bianca

케이크 (khĕ-i-khŭ) = torta

와플 (ua-phŭl) = waffle

머핀 (mō-phin) = muffin

시원한걸로주세요
"Shi-uōn-han gōl-lŏ ciu-sĕ-yŏ."
"Me lo dia freddo."

따뜻한걸로주세요
"Tta-ttŭ-than gōl-lŏ ciu-sĕ-yŏ."
"Me lo dia caldo."

따뜻하게해주세요
"Tta-ttŭ-tha-ghĕ hē-ciu-sĕ-yŏ."
"Me lo riscaldi."

두유로주세요
"Tu-iu-rŏ ciu-sĕ-yŏ."
"Me lo dia con latte di soia."

카라멜마키아토두유로주세요
"Kha-ra-mĕl ma-khi-a-thŏ tu-iu-rŏ ciu-sĕ-yŏ."
"Mi dia un macchiato al caramello con latte di soia."

포장해주세요

"Phŏ-jang-hē-ciu-sĕ-yŏ."
"Me lo faccia da portare via."

따로따로계산해드릴게요
"Tta-rŏ tta-rŏ kyĕ-san-hē-tŭ-ril-kĕ-yŏ."
"Ci faccia conti separati."

5.500원이에요
오천오백원이에요
"Ŏ-hciō-nŏ-bē-guō-ni-ĕ-yŏ."
"Sono 5.500 won."

카드로계산해도돼요?
"Kha-dŭ-rŏ kyĕ-san-hē-dŏ tuē-yŏ."
"Posso pagare con la carta?"

사인해주세요
"Sa-in-hē-ciu-sĕ-yŏ."
"Faccia una firma."
(Quando userete la vostra carta vi chiederanno una firma in digitale)
영수증필요하세요?
"Yōng-su-jŭng phi-ryŏ-ha-sĕ-yŏ?"
"Le serve lo scontrino?"

영수증벌여주세요
"Yōng-su-jŭng pō-ryō-ciu-sĕ-yŏ."
"Può buttare lo scontrino."

I bar sono spesso molto grandi e comprendono più piani di un edificio. Dopo che avete ordinato al piano terra e vi siete andati a sedere al quinto piano, come fate a capire che il vostro ordine è pronto? Per questo hanno creato dei dischetti (진동벨, cin-dŏng-bĕl), che iniziano a vibrare e si illuminano quando potete scendere a recuperarlo.

21.1. Esercizi

1: Trovate la traduzione più adatta per queste frasi.

A) Me lo faccia da portare via:
1. 사인해주세요
2. 포장해주세요

B) 차하나주세요:
1. Mi dia un thè
2. Mi dia un succo

C) Me lo riscaldi:
1. 따뜻하게해주세요
2. 따뜻한걸로주세요

D) Le serve lo scontrino?:
1. 영수증벌여주세요?
2. 영수증필요하세요?

E) 따로따로계산해드릴게요:
1. Pago con la carta
2. Paghiamo separatamente

2: Completate le seguenti frasi scegliendo tra le due opzioni:

A) ___ 드릴까요?:
1. 뭐
2. 해

B) 카푸치노두유___ 주세요:
1. 로
2. 도

C) 카드로계산해___ 돼요?
1. 로
2. 도

D) 어서___세요:
1. 오
2. 어

21.2. I segreti svelati in questo capitolo

- . I bar sono molto cari rispetto al cibo. Un caffè costa quanto un pasto. Ma non è tanto la merce a costare, il prezzo è un investimento per il tempo che si può passare all'interno del bar, senza che nessuno venga a dire niente.

- . I coreani sono molto rispettosi delle proprietà altrui e nessuno cerca di toccarle o portarle via. Se circondati di coreani potete lasciare i vostri averi in giro senza problemi.

- . Come per il cibo quando si ordina una bibita o un dolce al bar ci basta sapere il nome di quello che desideriamo, il numero puro-coreano che ne descrive la quantità e il verbo "주세요": 에스프레소하나주세요.

- . Le bibite sul menù possono essere ordinate sia fredde che calde. Per comunicarlo al personale alla cassa ci basta conoscere le frasi "시원한걸로주세요" e "따뜻한걸로주세요".

- . È Possibile scegliere di cambiare un ingrediente singolo, come ad esempio il tipo di latte. In questo caso la frase più adatta è "___로주세요".

- . Se volete un caffè "take out" potete aggiungere al vostro ordine la frase "포장해주세요" e ve lo confezioneranno da portare via.

- . I bar sono molto dispersivi, per questo dopo aver pagato vi lasceranno un dischetto, che inizierà a illuminarsi e a vibrare quando il vostro ordine sarà pronto!

21.3. Soluzioni

1)
A, 2 (포장해주세요)
B, 1 (Mi dia un thè)
C, 1 (따뜻하게해주세요)
D, 2 (영수증필요하세요?)
E, 2 (Paghiamo separatamente)

2)
A, 1 (뭐드릴까요?)
B, 1 (카푸치노두유로주세요)
C, 2 (카드로계산해도돼요?)
D, 1 (어서오세요)

22. LE LUCI SFAVILLANTI DI KANG-NAM – LA VITA NOTTURNA IN COREA TRA ALCOL E MUSICA

La Corea del Sud è l'habitat perfetto per divertirsi, bere e fare festa. In particolare gli studenti che la scelgono come meta del loro Erasmus rimangono affascinati dal clima gioioso dei quartieri notturni.

Il bello non sta solo nel trovare alcol, locali, musica a qualsiasi ora, ma anche nella sicurezza che si riscontra nelle strade. Non esiste meta più sicura per una ragazza che vuole divertirsi di notte. **Le strade sono tranquille, non ho mai visto girare droga o prostitute agli angoli della strada.** Il massimo del "pericolo" sono uomini di mezza età ubriachi, che barcollando cercano di trovare un taxi per tornare a casa.

Ogni locale ha i suoi buttafuori, che potrebbero cercare di truffarvi. Informatevi prima sul costo dell'entrata, chiedendo ad amici o ad altri in fila con voi. Mi è successo più di una volta che l'entrata gratis prima della mezzanotte non fosse possibile per gli stranieri, obbligati a pagare sempre il prezzo pieno del biglietto.

Come già accennato la cultura coreana é fondata sull'alcol e la gioia di bere in compagnia. In presenza di una persona coreana è quindi quasi impossibile evitare di finire a bere: ogni occasione è buona per festeggiare brindando! **Il piacere non sta solo in qualche assaggio; l'obiettivo è dimenticarsi il proprio nome! Bevono fino a perdere coscienza, molte volte a lato della strada.**

Ritengono scortese rifiutare un bicchiere, soprattutto se versato da un superiore. **Oltretutto per i maschi la parola "ubriaco" è una specie di taboo: se si è veri uomini non si è mai troppo ubriachi per mollare!**

Quindi se siete poco amanti di questa attività vi consiglio di usare la scusante "allergia all'alcol", sperimentata personalmente più volte per uscire da situazioni spiacevoli.

Ci sono 3 zone della città di Seoul in cui l'attività notturna si concentra e ognuna ha caratteristiche ben distinte: 이태원 (I-thē-uōn), 홍대 (hŏng-dē), 강남 (Kang-nam).

Partiamo da 이태원, quella più "caratteristica" delle tre. Si tratta del distretto "straniero", che si è venuto a creare attorno alla base militare americana. Qui converge gente, cibo e cultura da tutto il mondo. Non è un problema trovare tipi di ristoranti meno diffusi, come quello africano o quello paraguaiano: qui potete provare davvero di tutto!. Volete preparare pietanze italiane ai vostri amici? Potete acquistare mozzarella, mascarpone, sughi e tutto il resto di cui potreste aver bisogno.

Ovviamente c'è la concentrazione di stranieri più alta di tutta la città e i giovani coreani vi si recano soprattutto la sera, per trovare locali alternativi dove divertirsi. A 이태원 (I-thē-uōn) sono più diffusi gli "호프" (hŏ-phŭ, dal tedesco "hoff"), molto simili alle nostre birrerie italiane. Al contrario in tutto il resto della città sono più numerose le così dette "case dell'alcol", le 술집 (Sul-jip): locali classici coreani dove ubriacarsi.

Le 술집 (Sul-jip) sono molto diverse una dall'altra ma sono tutte accomunate da luci soffuse e musica di sottofondo. Di solito i tavoli sono uno accanto all'altro, come in un qualsiasi bar; in locali speciali ci sono invece spazi "privati": il vostro tavolo è delimitato (attraverso tendine o porte scorrevoli) e quindi reso più personale e accogliente.

Bere non è solo un'attività di contorno ad una chiacchierata tra amici. L'obiettivo della serata é proprio quello di ubriacarsi e il tempo che il corpo impiega ad assorbire l'alcol è troppo per i coreani; sono nati così giochi da fare in gruppo per divertirsi e finire a bere ancora di più.

Prima di tutto ci sono i giochi legati alle bottiglie presenti in tavola. Ogni tappo di bottiglia di 소주 (sŏ-ju) ha un numero diverso scritto verso l'interno. Solo una persona può leggerlo, per dare indicazioni agli altri amici che nel frattempo cercano di indovinarlo. Dovrà dire "più alto" o "più basso", finché uno sfortunato sarà obbligato a dire il numero giusto e così anche a bere l'intero bicchiere in un colpo solo: 원샷 ("uōn-shiat", dall'inglese "one shot").

Il gioco che viene fatto subito dopo è sempre legato al tappo di 소주 (sŏ-ju). Quando aprite una bottiglia nuova un pezzo del tappo si spezza; quella parte viene piegata e ripiegata su se stessa finchè non sarà sottile e precaria. Ognuno dovrà colpire quella parte con le dita finchè colui che lo staccherà sarà il prescelto per un altro bicchiere al salto.

Ci sono molti altri giochi. Un altro molto diffuso e divertente è "3 6 9" (삼육구, "sam iuk ku"). È un gioco che finisce per degenerare: è difficile già quando si è lucidi e iniziando a bere diventa sempre più complesso! Ognuno deve dire un numero partendo da 1; solo i 3, 6 e 9 sono "numeri taboo" e devono essere sostituiti da un battito di mani (due se il numero ne contiene due come nel caso di 33 o 36). Chi sbaglia è obbligato a bere e si rincomincia da capo. Più si è e più ci si diverte! Arrivati al numero 30 diventa quasi impossibile non sbagliare!

Una cosa che non mi sarei mai aspettata in un posto dove si va dichiaratamente solo per bere è il cibo obbligatorio: ordinando alcolici si è obbligati ad ordinare un piatto di qualcosa, dalla carne, alla pasta, fino al vassoio di frutta (mai consigliata). Questo perché senza cibo l'alcol farebbe subito effetto e il bar non avrebbe le entrate desiderate. Molto spesso il cibo finisce per essere avanzato. Queste portate rendono oltretutto il costo della permanenza molto più elevato; il bere di per se è economicissimo: parliamo di un euro o poco più a bottiglia di 소주 (sŏ-ju).

Il 소주 (sŏ-ju) è la versione coreana del sakè o della vodka: è un alcolico derivante dal riso con un sapore molto chimico; esistono diversi marchi ma il gusto rimane praticamente lo stesso. Il 소주 (sŏ-ju) viene spesso ordinato in caraffe, mescolato con succhi di frutta per rendere il gusto più piacevole.

Altri alcolici molto diffusi sono la birra (molto leggera), quasi sempre ordinata assieme allo 소주 (sŏ-ju). È molto di moda immergere il bicchierino di 소주 (sŏ-ju) all'interno del boccale di birra (in coreano 맥주, "mēk-ju") e bere il tutto in un sorso: viene chiamato 소맥 (sŏ-mēk), dall'unione delle due parole 소주 (sŏ-ju) e 맥주 (mēk-ju).

Il terzo alcolico più gettonato è il막걸리 (Ma-kkō-lli). Anche questo è derivante dal riso, ma di colore bianco. Il sapore è più leggero e dolce. Veniva considerato il liquore dei contadini. Si beve su delle scodellette basse di colore oro spento. Viene spesso mescolato allo yogurt alla frutta. Nella sua versione originale è ritenuto l'alcolico perfetto per le giornate di pioggia, assieme al 파전 (pancake salati coreani).

In italia, come un po' in tutto il mondo occidentale, si tende a rimanere fermi in un solo locale, fino al desiderio di andare a ballare o tornare a casa. In Corea, invece, si cercano diversi locali per quasi ogni giro di alcol. Tra una tappa e l'altra ci può essere una scappatella al karaoke (노래방, "nŏ-rē-bang"), anche questa accompagnata dall'alcol. **Spesso l'ultima tappa è all'alba, per una zuppa piccante, che secondo la cultura aiuterebbe a smaltire la sbornia e a tornare in forze.** Hanno da poco inventato un gelato apposito per aiutare a riprendersi più in fretta e dai suoi primi giorni sul mercato è in cima alle vendite. Altrimenti vi è il vecchio rimedio: il 컨디션 (khōn-di-shyōn), **bevanda da bere a inizio serata per prevenire sbornie pesanti.**

Gli alcolici sono tranquillamente venduti in tutti i negozietti agli angoli della strada aperti 24 ore su 24. Per questo i parchi di sera si riempiono di giovani che si ritrovano per bere all'aria aperta sotto le stelle. Non sorprendetevi di trovare l'alcol a vendere in bottiglie di plastica, come la Coca Cola da due litri.

Continuando con le zone notturne, oltre a 이태원 (I-thē-uōn) abbiamo 홍대 (Hŏng-dē) e 강남 (Kang nam). La grande differenza tra le due è data dall'età della gente da cui vengono frequentate.

홍대 (Hŏng-dē), come già accennato precedentemente è una meta più "giovane", sempre piena di ragazzini (perlopiù universitari) che amano divertirsi. La musica che troverete in questa zona tende molto di più al rap/hip hop. È facile trovare discoteche più piccole che non chiedono nulla per l'entrata: questo rende la zona la più amata dagli studenti stranieri in cerca di divertimento a basso costo.

La seconda meta, 강남 (Kang-nam), è più "matura". Avrete sicuramente avuto modo di sentire il tormentone mondiale "Gang-nam Style" di Psy. Il "Gang-nam" della canzone è proprio 강남 (Kang-nam). Per "Style di Gang-nam" si intende proprio lo stile di vita ricco di questo quartiere. I frequentatori sono soprattutto quasi trentenni, già avviati nel lavoro. Girano soldi e per questo nelle discoteche ci sono più tavoli privati, bottiglie d'alcol al posto di cocktail e atmosfere più "costose". È anche il distretto dedicato alla chirurgia estetica e vi accorgerete pian piano di quanti nasi a punta, menti a –V bazzichino in zona. Sono gli stessi coreani a dire che la gente di 강남 (Kang-nam) è tutta uguale, proprio per l'eccessivo ricorso al bisturi!

La musica dei locali ha uno stile che tende alla techno. Il biglietto d'entrata delle discoteche è due o tre volte quello medio di 홍대 (Hŏng-dē). Esiste però un'applicazione con il nome 클럽믹스 (Khŭ-llōp mik-sŭ"), per cui potete iscrivervi a degli eventi che vi permettono di entrare gratis entro una data ora. Il nome deriva dalla parola 클럽 (khŭ-llōp) dall'inglese "club".

Eccovi ora qualche parola per orientarvi durante le serate in nome del divertimento:

불금 (pul-ghŭm) è il così-detto “**venerdì di fuoco**”, da **불** (“pul”, fiamma) e **금** di 금요일 (“kŭ-myŏ-il”, venerdì).

양주 (yang-ju) = alcol occidentale

와인 (ua-in) = vino

-병 (pyōng) è il contatore per le bottiglie

한병 (han-byōng) = una bottiglia

두병 (tu-byōng) = due bottiglie

소주한병 (sŏ-ju han-byōng) = una bottiglia di 소주 (sŏ-ju)

Se invece volete dire “un bicchiere di soju” avete il contatore –잔 (-jan): 소주한잔 (sŏ-ju han-jan)

유리컵 (iu-ri-khōp) = bicchiere di vetro

종이컵 (ciŏng-i-khōp) = bicchiere di carta

안주 (an-ju) = stuzzichini

술자리 (sul-ja-ri) = ritrovo per bere

칵테일 (khak-thĕ-il) = cocktail

폭탄주 (phŏk-than-ju) = “bomb shot”

취하다 (hciui-ha-da) = ubriacarsi

건배 (kōn-bē) = “cin cin”

짠 (jjan) è il suono dei bicchieri che battono e viene usato in alternativa a 건배 (kōn-bē).

대박 (tē-bak) è un’esclamazione che può essere tradotta in moltissime maniera: **“grandioso!”**, **“figo!”**, **“super!”**, etc.

어제파티어땠어?
“Ō-jĕ pha-thi ō-ttē-ssō?”
“Com’era la festa di ieri?”

대박이었어
“Tē-ba-ghi-ō-ssō.”
“È stata grandiosa!”

헐 (hōl) è un’altra esclamazione diffusissima e potrebbe essere sostituita dai trattini di sospensione: si usa quando qualcosa ci lascia senza parole, soprattutto in negativo.

일차 (il-hcia) = prima tappa della serata

이차 (i-hcia) = seconda tappa della serata

삼차 (sam-hcia) = terza tappa della serata

밤새다 (pam-sē-da) = passare la notte in bianco

주량이어떻게되세요?
"Ciu-ryang-i ō-ttō-khĕ tue-sĕ-yŏ?"
"Quanto tieni l'alcol?"

저는술이약해요
"Ciō-nŭn su-ri ya-khē-yŏ."
"Non tengo bene l'alcol."

Con: 약하다 (ya-kha-da) = essere debole

Il contrario di 약하다 (ya-kha-da) è 세다 (sĕ-da, essere forte):

저는술이세요
"Ciō-nŭn su-ri sĕ-yŏ."
"Tengo bene l'alcol."

목이말라요
"Mŏ-ghi ma-lla-yŏ."
"Ho la gola secca."

배고파요
"Pē-gŏ-pha-yŏ."
"Ho fame."

배불러요
"Pē-pu-llō-yŏ."
"Sono pieno."

취했어요
"Hciui-hē-ssō-yŏ."
"Sono ubriaco."

한잔드리겠습니다
"Han-jan tŭ-ri-ghĕ-ssŭm-ni-da."
"Le verso un bicchiere."

셀카 (sĕl-kha) = **selfie** (da "self camera")

물이좋다 (mu-ri ciŏ-tha) non vuol dire solo che "l'acqua è buona", ma viene usato per indicare un qualcosa di "**figo**", giovanile e fresco.

어제친구랑취했어.
"Ō-jĕ hcin-gu-rang hciui-hē-ssō."
"Ieri mi sono ubriacato con gli amici."

In questa frase la prima cosa che noterete è il verbo alla fine: 취했어.

Il verbo è 취했어요 (hciui-hē-ssō-yŏ), da 취하다 (hciui-ha-da, ubriacarsi), ma senza la coniugazione cortese -요 (-yŏ). Si tratta della 반말 (pan-mal), la coniugazione informale. Quando parliamo con gli amici ci sentiamo a nostro agio e non abbiamo il bisogno di dire ciò che non è necessario. L'informale si comporta proprio in questa maniera: depriva il verbo di tutte le aggiunte ed elimina le particelle superflue (come il complemento oggetto). Pertanto se dovete usare questo livello del parlato basta che pensiate ai verbi che avete già studiato e togliate solo –요 (-yŏ).

Vediamo qualche esempio.
친구를만났어요 ("hcin-gu-rŭl man-na-ssō-yŏ") diventa:
친구만났어 ("hcin-gu man-na-ssō", ho incontrato gli amici)

남자친구가있어요 ("nam-ja-hcin-gu-ga i-ssō-yŏ") diventa:
남자친구있어 ("nam-ja-hcin-gu i-ssō", ho il ragazzo)

파스타를먹고싶어요 ("pha-sŭ-tha-rŭl mōk-kŏ shi-phō-yŏ") diventa:
파스타먹고싶어 ("pha-sŭ-tha mōk-kŏ shi-phō", voglio mangiare la pasta)

C'è un solo verbo che non segue questa regola ed è il verbo essere:
-이에요 (i-ĕ-yŏ) diventa –이야 (i-ya)
-예요 (yĕ-yŏ) diventa –야 (ya)

난학생이야
"Nan hak-sēng-i-ya."
"Sono uno student."

그사람은가수야
"Kŭ sa-ra-mŭn ka-su-ya."
"Quella persona fa il cantante."

22.1. Esercizi

1: Provate a tradurre queste parole dal coreano all'italiano.

A) 맥주:

1. Birra
2. Mix tra birra e soju

B) –병:
1. Contatore per bicchieri
2. Contatore per bottiglie

C) 밤새다:
1. Passare la notte in bianco
2. Ubriacarsi

D) 배불러요:
1. Avere la pancia vuota
2. Avere la pancia piena

E) 유리컵:
1. Bicchiere di vetro
2. Bicchiere di plastica

F) 약하다:
1. Essere forte
2. Essere debole

2: Provate a tradurre queste parole dall'italiano al coreano.

A) Venerdì di fuoco:
1. 불금
2. 금불

B) Bar tipico coreano:
1. 술자리
2. 술집

C) Avere la bocca secca:
1. 목이말라요
2. 물이좋아요

D) Stuzzichini:
1. 양주
2. 안주

E) Birreria in stile occidentale:

1. 호프

2. 고프

F) Grandioso!:

1. 대박

2. 헐

3: Provate a rendere informali questi verbi.

A) 자요

B) 먹어요

C) 읽었어요

D) 갈게요

E) 주세요

22.2. I segreti svelati in questo capitolo

- Le strade della Corea del sud sono molto sicure, anche di notte.
- I coreani amano l'alcol e uscire a bere con gli amici, con lo scopo di non riuscire più a reggersi in piedi a fine serata.
- È scortese rifiutarsi di bere un bicchiere dopo che vi è già stato versato.
- I maschi più riescono a bere meglio vengono considerati all'interno della società; per questo motivo un uomo non è mai "abbastanza ubriaco".
- Le tre zone notturne di Seoul sono 이태원, 홍대 e 강남. 이태원 è il quartiere straniero attorno la base militare americana, 홍대 è più giovanile e artistico, mentre강남 è la meta più elegante, per chi vuole atmosfere più costose.
- Esistono due tipi di locali: gli 호프 in stile "birreria tedesca" e le 술집, in totale stile coreano.
- Quando l'obiettivo della serata è ubriacarsi vengono fatti giochi per passare il tempo e finire a bere ancora di più.
- Il 소주, l'alcolico più diffuso in tutta la Corea, è una specie di vodka ricavata dal riso; viene addolcito con succhi di frutta o mescolato alla birra per una sbornia assicurata.

In Corea non si rimane fermi in un solo locale, ma ci si sposta da uno all'altro creando diverse "tappe" della serata: in coreano 일차, 이차 e 삼차.

- La 반말 è la coniugazione informale dei verbi. Si ricava eliminando qualsiasi altra coniugazione riguardante la formalità.

- Il verbo essere è l'unico che nella versione informale cambia completamente: –이야 al posto di –이에요 e –야 al posto di –예요.

22.3. Soluzioni

1)
A, 1
B, 2
C, 1
D, 2
E, 1
F, 2

2)
A, 1
B, 2
C, 2
D, 2
E, 1
F, 1

3)
A: 자
B: 먹어
C: 읽었어
D: 길 게
E: 줘

23. SORELLONA, LE FACCIO LO SCONTO – COME FARE SHOPPING ECONOMICO

Nel caso vi recaste in Corea lo shopping compulsivo è un effetto collaterale da tenere in considerazione. Molti quartieri sono ricoperti di negozietti e bancarelle con qualsiasi cosa e tutto a prezzi bassissimi. Calzini, cosmetici e cover per telefoni vanno per la maggiore. È una caratteristica che accomuna qualsiasi quartiere in cui vi recaste, ma ci sono delle zone particolarmente dedite al passatempo preferito dalle donne e dai turisti: **남대문** (Nam-dē-mun), **동대문** (Tŏng-dē-mun) e **명동** (Myōng-dŏng).

남대문 (Nam-dē-mun) è il quartiere storico dello shopping. Si trova nella zona occidentale e tutt'ora è possibile osservare una delle grandi porte della città. Il nome 남대문 (Nam-dē-mun) vuol dire letteralmente "**grande porta del sud**".

Storicamente in questa zona c'è sempre stato un grande mercato che provvedeva qualsiasi cosa di cui la gente avesse bisogno e tutto a prezzi stracciati. Oggigiorno è una specie di mercatino delle pulci, da quanto è datata la merce in vendita. Anche se la merce non è niente di che la zona è frequentatissima, soprattutto dagli stranieri, che vi si recano per curiosità. Se siete in cerca di piccoli pensierini per la vostra famiglia è la zona giusta per accontentare tutti in una sola volta: vendono pacchi di souvenir da 5 o 10, facendovi risparmiare qualcosina.

동대문 (Tŏng-dē-mun) è invece la "**grande porta dell'est**". Anche in questo caso esiste un'effettiva "porta" tradizionale che in passato era l'entrata per la città e ora è solo un simbolo di storia coreana. Ci sono bancarelle e negozietti un po' malmessi come a 남대문 (Nam-dē-mun), ma negli ultimi anni sono stati aperti una serie di grandi magazzini uno accanto all'altro che hanno rinnovato la zona, rendendola una meta per tutti, anche chi cerca articoli di moda corrente. I grandi magazzini hanno una disposizione che ricorda comunque i mercatini all'esterno: lo spazio è tutto in comune, non ci sono porte o vetri che delimitano i singoli negozi.

명동 (Myōng-dŏng) è la terza tappa dedicata allo shopping ed è la **meta preferita dai turisti cinesi**. Il volto dei vip coreani è dappertutto: calendari, portachiavi, calzini… .

Le ragazzine cinesi ci impazziscono per queste cose. Le due corsie della camminata sono suddivise da una successione di banchetti di cibo: coreano, frutta, frittura, panini, etc.

Con pochi euro si può mangiare davvero di tutto.

Fuori dai negozi ci sono sempre ragazze giovani con il microfono che vi incitano ad entrare e ad approfittare delle offerte del giorno. Anche le ragazze delle bancarelle si fanno sentire, cercando di attirare l'attenzione dei passanti, urlando prezzi e invitando ad avvicinarsi. Queste donne sono sempre di mezza età, ma cercano di mostrarsi come delle amiche, per invogliarvi all'acquisto. Molte di loro usano la strategia **애교** (ē-ghyŏ), ovvero **faccine e vocine carine per intenerire**. Mi è successo che una signora con il doppio dei miei anni mi chiamasse "sorellona". All'inizio mi sono arrabbiata, perché pensavo che mi considerasse molto più vecchia di lei; poi ho capito che faceva parte delle sue strategie di vendita, per apparire più tenera. In realtà sono dei mostri del business e conoscono l'arte del contrattare. **Se pensate che i prezzi siano troppo alti potete provare a farli abbassare. Dato che siete stranieri è probabile che il prezzo di partenza sia gonfiato, quindi provate sempre a chiedere uno sconto.**

얼마예요?
"Ōl-ma-yĕ-yŏ?"
"Quanto costa?"

샤츠얼마예요?
"Shia-hciŭ ōl-ma-yĕ-yŏ?"
"Quanto costa la camicia?"

검은샤츠얼마예요?
"Kō-mŭn shia-hciŭ ōl-ma-yĕ-yŏ?"
"Quanto costa la camicia nera?"

검은 (kō-mŭn) è un aggettivo, ricavato dal verbo 검다 (kōm-ta).

Se togliamo –다 (-ta) rimane solo la radice del verbo 검- (kōm-).

Per creare l'aggettivo siamo quindi andati ad aggiungere la particella –은 (-ŭn).

–은 (-ŭn) si usa solo se la radice del verbo termina per consonante.

Un altro esempio può essere il verbo 좋다 (ciŏ-tha).

In forma di aggettivo diventa 좋은 (ciŏ-ŭn).

I verbi da considerare sono solo quelli descrittivi e l'aggettivo deve sempre trovarsi prima della parola a cui si riferisce.

품질이좋다 (phum-ji-ri ciŏ-tha) = "la qualità è buona"

품질이좋은샤츠 (phum-ji-ri ciŏ-ŭn shia-hciŭ) = "la camicia di buona qualità…"

Quando abbiamo una radice del verbo che termina per vocale invece:
샤츠가예쁘다 (shia-hciŭ-ga yĕ-ppŭ-da) = "la camicia è carina"

예쁜샤츠 (yĕ-ppŭn shia-hciŭ) = "la camicia carina…"

In questo caso è bastato aggiungere –ㄴ (-n).

긴바지 (kin pa-ji) = pantaloni lunghi

짧은바지 (jjal-bŭn pa-ji) = pantaloni corti

두꺼운코트 (tu-kkō-un khŏ-thŭ) = cappotto pesante

Con 코트 (khŏ-thŭ) dall'inglese "coat".

얇은스웨토 (yal-bŭn sŭ-uĕ-thŏ) = maglioncino leggero

Con 스웨토 (sŭ-uĕ-thŏ) dall'inglese "sweater".

할인 (ha-rin) = sconto

할인해주세요 (ha-rin-hē-ju-sĕ-yŏ) = "mi faccia lo sconto"

세일 (sĕ-il) = in saldo (dall'inglese "sale")

깎아주세요 (kka-kka-ju-sĕ-yŏ) = "mi abbassi il prezzo"

"언니...할인해드릴게요"
"Ōn-ni...ha-rin-hē-tŭ-ril-kĕ-yŏ."
"Sorellona...le faccio lo sconto."

23.1. Esercizi

1: Provate a tradurre queste parole.
A) Pantaloni corti:

1. 긴바지
2. 짧은바지

B) Cappotto pesante:

1. 얇은코트
2. 두꺼운코트

C) Sconto:

1. 할인
2. 깎

2: Vero o Falso?
A) La regola per ricavare gli aggettivi può essere applicata su tutti i verbi.
B) L'aggettivo deve trovarsi prima del nome a cui si riferisce.
C) Per creare un aggettivo aggiungiamo –는 dopo le vocali.

23.2. I segreti svelati in questo capitolo

- 남대문, 동대문 e 명동 sono i centri principali per lo shopping economico.

- 남대문 è il quartiere storico dello shopping. Il nome 남대문 vuol dire letteralmente "grande porta del sud". La merce è un po' datata e il target è la terza età coreana.

- 동대문, la "grande porta dell'est", è stata rinnovata con una serie di grandi magazzini, uno accanto all'altro. All'interno la disposizione della merce ricorda però le bancarelle del mercato.

- 명동 è una specie di China town. Si tratta della meta preferita dai cinesi o comunque dai turisti attirati dal kpop. Questa zona non è famosa solo per lo shopping economico, ma anche per lo street food, disposto lungo il centro strada di tutto il viale con i negozi.

- Fuori dai negozi ci sono le "butta-dentro", ragazze che urlano le offerte del giorno, invogliando i passanti ad entrare.

- Le signore delle bancarelle cercano di sembrare più carine e dolci per invogliare a comprare, ma in realtà sono esperte della vendita.

- I prezzi sono spesso gonfiati e i proprietari sono disposti a farvi qualche sconto.

- Per creare l'aggettivo da una verbo descrittivo dobbiamo ricavare la radice del verbo; se questa termina per consonante andremo ad aggiungere –은, se invece termina per vocale basterà –ㄴ.

- L'aggettivo deve sempre trovarsi prima del nome a cui si riferisce.

23.3. Soluzioni

1)
A, 2
B, 2
C, 1

2)
A, Falso
B, Vero
C, Falso

24. MI MANCA LA FARINA... LA ORDINO SU INTERNET! – COME PRENOTARE ED ACQUISTARE ONLINE

Anche in Italia ormai è normalissimo ordinare oggetti e vestiti in internet, soprattutto se sono cose poco reperibili nella nostra zona. Beh, **in Corea l'acquisto online ha raggiunto livelli massimi: internet serve ad acquistare qualsiasi cosa**.

Ci sono un sacco di applicazioni che potete scaricare per approfittare di sconti speciali. Molte marche creano degli sconti giornalieri limitati nel numero; potete iscrivervi alla promozione fino a che non sono terminati. Possono essere viaggi, hotel, biglietti del cinema, pasti al ristorante, bevande, vestiti.

Anche i negozietti aperti 24 ore su 24 che potete trovare a tutti gli angoli della strada fanno questo tipo di offerte, ma dovete essere velocissimi perché vanno in esaurimento posti in pochissimi minuti!

In Corea c'è sempre stata la cultura del **배달** (pē-dal, **consegna a domicilio**). Scooter con pizza, panini, spaghettini cinesi o qualsiasi altro cibo desideriate, sfrecciano in strada a tutte le ore del giorno e della notte per accontentare anche i più pigri.

Da qualche anno l'amore per la consegna a casa si è espansa e ha inglobato la spesa per la casa. Oggigiorno è possibile entrare nel sito di un ipermercato coreano, selezionare gli articoli, indicare un giorno e un orario desiderato e ricevere il tutto a casa. Se vivete all'ultimo piano di un condominio non è un problema! Gli addetti vi porteranno tutto davanti alla porta di casa. Così in un clic potete ordinare pasta, farina, frutta e tutto quello che comprereste normalmente, mettendolo fisicamente nel carrello.

La prima volta che ho provato questo servizio non mi fidavo a prendere frutta e verdura, non sapevo cosa aspettarmi. Avevo paura che arrivasse brutta, ammaccata e magari marcia. Invece mi sono dovuta ricredere! Non è mai successo che mi consegnassero merce scadente. **Hanno una grandissima attenzione verso il cliente e potete davvero usufruire di questo servizio a cuor leggero!**

Di seguito tutte le parole che potreste trovare scritte in un sito di prenotazione o dedicato all'acquisto di merci.

검색 (kōm-sēk) = ricerca

상세 (sang-sĕ) = dettaglio

상세검색 (sang-sĕ kōm-sēk) = ricerca nel dettaglio

추천순 (hciu-hciōn-sun) = ordine di comparsa

메뉴 (mĕ-niu) = menù

바구니 (pa-gu-ni) = cestino (carrello della spesa)

상품 (sang-phum) = articolo

행사 (hēng-sa) = evento (offerta)

무료 (mu-ryŏ) = gratuito

판매 (phan-mē) = vendita
판매자 (phan-mē-ja) = venditore
판매가 (phan-mē-ga) = prezzo di vendita
가격 (ka-kyōk) = prezzo
용량 (yŏ-llyang) = quantità

예약 (yĕ-yak) = prenotazione
주문 (ciu-mun) = ordine
추가 (hciu-ga) = aggiunta
배송 (pē-sŏng) = spedizione
퀵배송 (khuik-pē-sŏng) = spedizione veloce
배송비 (pē-sŏng-bi) = spese di spedizione

구매 (ku-mē) = acquisto
바로구매 (pa-rŏ-gu-mē) = acquisto immediato
담기 (tam-ghi) = chiudi
바구니담기 (pa-gu-ni tam-ghi) = chiudi il cestino (procedi all'acquisto)

정기배송 (ciōng-ghi-pē-sŏng) = consegna programmata
방법 (pang-bōp) = metodo
배송방법 (pē-sŏng-pang-bōp) = metodo di consegna

예약취소 (yĕ-yak hciui-sŏ) = cancellazione prenotazione
교환 (kyŏ-huan) = cambio
반품 (pan-phum) = reso
환불 (huan-bul) = rimborso

보증 (pŏ-jŭng) = garanzia
보증기간 (pŏ-jŭng ki-gan) = periodo di garanzia
수리 (su-ri) = riparazione
주문추적 = rintraccio ordine

합계 (hap-kyĕ) = totale
쿠폰 (khu-phŏn) = coupon

쿠폰받기 (khu-phŏn pa-kki) = ricevere coupon

사용기간 (sa-yŏng ki-gan) = periodo di utilizzo (periodo di validità)

마지막날 (ma-ji-mak-nal) = ultimo giorno

아직보증기간중이에요

"A-jik pŏ-jŭng ki-gan jung-i-ĕ-yŏ."
"È ancora in periodo di garanzia."

Con:

아직 (a-jik) = ancora

중 (jung) si lega ai nomi per indicare un periodo di tempo in cui un'attività è in corso.

In questo caso "보증기간중" (pŏ-jŭng ki-gan jung) sta a significare che "il periodo di garanzia" è ancora in corso. Dopo 중 (jung) c'è semplicemente il verbo essere: -이에요 (i-ĕ-yŏ).

Vediamo altri due esempi del suo utilizzo:

수업중 (su-ōp jung) = lezione in corso

회의중 (hue-i jung) = riunione in corso

24.1. Esercizi

1: Trovate la giusta traduzione per queste parole.

A) Ricerca:

1. 검색
2. 상세

B) Venditore:

1. 판매자
2. 판매가

C) Evento/offerta:

1. 행사
2. 합계

D) Spese di spedizione:

1. 배송비
2. 정기배송

E) Cancellazione prenotazione:
1. 바구니담기
2. 예약취소

F) Garanzia:
1. 보증
2. 상품

24.2. I segreti svelati in questo capitolo

- Ci sono molte applicazione del telefono che permettono di avere sconti o trattamenti speciali. Può trattarsi di tutto, ma il tempo o il numero di persone che possono usufruirne è limitato.
- La parola 배달 indica la consegna a domicilio, una vera cultura in Corea del Sud.
- Da qualche anno è possibile fare addirittura la spesa online e vi viene consegnata direttamente a casa! La qualità della merce è buona e ci si può fidare appieno del servizio.
- 중 viene aggiunto dopo un nome per indicare che quella cosa è in corso. Possiamo aggiungerci di seguito il verbo essere –이에요 per creare una frase completa.

24.3. Soluzioni

1)

A, 1
B, 1
C, 1
D, 1
E, 2
F, 1

25. DA CHE PARTE VADO? – I MEZZI PUBBLICI A SEOUL

I mezzi pubblici della capitale sono efficientissimi e non mi è mai capitato di dovermene lamentare. Metro, autobus e taxi si trovano a tutte le ore del giorno e della notte. **In particolare io mi sono innamorata della metropolitana di Seoul**: più di dieci linee che ti portano ovunque tu abbia bisogno, anche in cittadine limitrofe.

Le entrate della metro sono ben visibili e riportano tutte il nome della fermata e il numero specifico dell'uscita, in modo da potersi orientare sin da subito.

L'entrata e uscita è indicata con un gran cartello bianco su cui è riportata la parola **출입구** (hciu-rip-gu, **entrata/uscita**). Si tratta dell'unione di 입구 (ip-gu, entrata) e 출구 (hciul-gu, uscita).

Se non amate fare le scale avrete sicuramente l'aiuto di almeno uno di questi:

엘리베이터 (ĕl-li-bĕ-i-thō) = **ascensore**

에스컬레이터 (ĕ-sŭ-khōl-lĕ-i-thō) = **scala mobile**

Ogni linea è descritta da un numero e un colore. Ogni fermata al suo interno è caratterizzata da questi colori. La cosa che non manca di certo sono i cartelli per orientarsi. Qualsiasi cosa voi necessitiate sapere è visibile attorno a voi. Ogni singola fermata è numerata e pertanto anche se non riusciste a capirvi con il nome potreste sempre utilizzare tale numero. **Ogni nome è trascritto in inglese, cinese e giapponese**. Gli stessi annunci vengono fatti in più lingue, per non rischiare che gli stranieri in visita si perdano o manchino la giusta fermata. Ci sono frecce che indicano la direzione della metropolitana, in modo che non vi confondiate sulla direzione da prendere.

-호선 (hŏ-sōn) è la parola per "linea metropolitana"

2호선 (i-hŏ-sōn) viene così a indicare la linea metropolitana numero 2.

Allo stesso modo avremo:

3호선 (sam-hŏ-sōn) = la linea metropolitana numero 3

5호선 (ŏ-hŏ-sōn) = la linea metropolitana numero 5

In questo caso i numeri sono tutti sino-coreani.

지하철역 (ci-ha-hciō-ryōk) = fermata della metropolitana

방향 (pang-hyang) = direzione

Se avete bisogno di cambiare linea non avrete difficoltà a capirvi già ad una prima occhiata distratta. Ci sono cartelloni dappertutto, molto grandi e con numero e colore della linea metropolitana con cui si possono effettuare cambi. Ovviamente non mancano le frecce per non sbagliare strada.

갈아타다 (ka-ra-tha-da) = cambiare mezzo di trasporto

갈아타는곳 (ka-ra-tha-nŭn gŏt) = luogo dove effettuare il cambio di mezzo di trasporto

Se non sapete bene dove si trova il posto che dovete raggiungere o volete sapere il modo più veloce per raggiungerlo vi consiglio di usare una qualsiasi applicazione per telefono con la mappa della metro di Seoul; in particolare io mi trovo bene con "지하철" (ci-ha-hciōl) perché se aggiornata indica anche gli orari esatti in cui passerà la metropolitana.

Se invece non aveste con voi questa applicazione potreste comunque sapere facilmente quanto dovrete aspettare la prossima carrozza. Sopra la vostra testa, in mezzo ai corridoi, ci sono sempre dei tabelloni con disegnini di vagoni in spostamento. Questi indicano la posizione esatta della metro in arrivo e i minuti che ci vorranno per arrivare effettivamente da voi.

La cosa più bella da scoprire, però, è stato il significato dei numeri scritti a terra davanti a tutte le porte della metropolitana: ad esempio 1-1, 1-2, 1-3, 4-1, 7-2, 9,3. Per molto tempo non mi sono posta il problema finché un giorno la risposta è venuta da sola. Ogni numero determina un'uscita specifica dei vagoni della metro. Il primo numero indica il vagone, il secondo invece il numero dell'uscita di quel dato vagone. Le metro si fermano sempre sugli stessi punti, pertanto se con un amico vi mettete d'accordo di trovarvi alla porta 5-2 di 강남 (Kang-nam), non importa da che fermata della metro voi partiate, se entrambi salite dalla porta 5-2 della vostra fermata, vi ritroverete esattamente davanti alla porta 5-2 di 강남 (Kang-nam), non dovendovi cercare in mezzo alla folla.

출입문 (hciu-rip-mun) = porte d'entrata e uscita

닫다 (ta-tta) = chiudere

"출입문닫습니다" (hciu-rip-mun ta-ssŭm-ni-da) = "le porte si chiudono"

Si tratta dell'annuncio che viene fatto prima che le porte si richiudano, per la partenza della metro

내리다 (nē-ri-da) = scendere

"내릴때조심하십시오" (nē-ril ttē ciŏ-shi-ma-ship-shi-ŏ) = "fate attenzione quando scendete"

Parlando proprio delle porte, scoprirete quanta sicurezza c'è nelle stazioni della metro. Mentre aspettate non siete davanti ai binari aperti, ma lo spazio è tutto delimitato da una vetrata. Quando la metro arriva le sue porte coincidono con le porte di questa delimitazione. Si aprono entrambe nello stesso momento per permettere il passaggio. Ciò rende impossibile la caduta sui binari, sia accidentale che volontaria.

Anche l'igiene vi sorprenderà. Le cabine vengono igienizzate e pulite tutti i giorni e non esistono finestre che portano dentro lo sporco esterno, ma l'aria è continuamente regolata da bocchettoni sul soffitto. **D'inverno avrete il piacere di sentirvi coccolati con i sedili riscaldati e i bocchettoni di aria calda ad altezza piedi**.

Dovete solo stare attenti ai posti a sedere. Ci sono dei sedili definiti "노약자석" (nŏ-yak-cia-sōk), riservati a delle categorie speciali e devono rimanere liberi anche se la metro è completamente piena. Si trovano agli estremi dei vagoni, in serie di sedili da tre; sono creati apposta per gli anziani, gli infermi e le donne incinta. In ogni vagone ce ne sono 12 e hanno le sembianze di normali posti a sedere; almeno che non abbiate con voi una stampella i coreani vi guarderanno un po' male se vi sedete lì. Non vale nemmeno se lasciate il posto alle persone bisognose in caso ne salgano: i posti devono essere sempre liberi e pronti per loro.

Un'altra tipologia di posto speciale è quello più vicino alle porte; è contrassegnato dal colore rosa e sarebbe riservato alle mamme con figli piccoli. Questi posti speciali non esistono da moltissimo e sono meno restrittivi rispetto i primi. Fate sempre attenzione alle scritte e immaginine nei dintorni.

Perfino il pagamento per usufruire della metro è comodissimo! Potete acquistare in qualsiasi negozietto una **교통카드** (kyŏ-thŏng-kha-dŭ), la "**carta del traffico**".

Questa carta può essere ricaricata in tutte le stazioni metro ed essere utilizzata in qualsiasi mezzo di trasporto della città di Seoul; da qualche anno è utilizzabile anche in altre grandi città, come ad esempio **부산** (Pu-san). Le macchinette si trovano dove si "timbrano" i biglietti e sono identificate dalla scritta "**교통카드충전기**" (kyŏ-thŏng-kha-dŭ hciung-ciōn-ghi, "**ricarica per la carta dei trasporti**".

Con la parola **충전기** (hciung-ciōn-ghi) per "caricatore", dal verbo **충전하다** (hciung-jō-na-da, ricaricare). Questa parola può essere usata per anche gli oggetti elettronici, come ad esempio il cavetto del vostro telefono.

L'unica pecca della metro è che ogni tanto il prezzo del biglietto aumenta e prendendo la metro tutti i giorni la spesa aumenta esponenzialmente. Vi vengono scalati i soldi sia all'andata, sia al ritorno. Se dovete effettuare un cambio da metro ad autobus non ci sono problemi! Timbrate come sempre l'uscita dalla metro e andate ad aspettare l'autobus. Se timbrate a bordo a distanza di qualche minuto non vi sarà scalato nulla in più.

Anche l'autobus è molto efficiente, ma le linee sono tante e bisogna fare più attenzione per non confondersi e sbagliare. La comodità sta soprattutto di notte, quando la metro è chiusa ed alcune linea degli autobus continuano fino a mattina. L'unica cosa di cui non ci si deve dimenticare è di ri-timbrare con la tessera quando si scende dall'autobus; questo serve a farvi pagare meno il biglietto, in base ai chilometri percorsi (invece del prezzo intero).

정류장 (ciōng-nyu-jang) = **fermata**

이번정류장 (i-bōn ciōng-nyu-jang) = **questa fermata**

다음정류장 (ta-ŭm ciōng-nyu-jang) = **la prossima fermata**

Infine abbiamo il taxi. Potete affacciarvi in strada e fare cenno a qualsiasi taxi con la scritta **빈차** (pin-hcia, macchina vuota). Ci sarà il contachilometri/conta-tempo accanto all'autista dove potete controllare i soldi che vi chiederanno. Solo la notte il conto non parte da zero perché i prezzi sono ovviamente quelli notturni. **Con pochissimi soldi potete andare dall'altra parte della città**. L'unica pecca è che si raggiunge il massimo dell'efficienza solo di notte: di giorno le strade sono colme di macchine e il traffico rende l'andamento un po' lento. Il mio consiglio è quello di cercare le macchine un po' più sgangherate: **il prezzo varia da taxi a taxi e le macchine più nuove costano anche di più. Con i catorci non sbagliate mai!**

25.1. Esercizi

1. Trovate la traduzione esatta per queste parole:

A) Porte d'entrata e uscita:

1. 출입문
2. 출입구

B) Questa fermata:

1. 이번정류장
2. 다음정류장

C) Cambiare mezzo di trasporto:

1. 내리다
2. 갈아타다

D) Metropolitana:

1. 노약자석
2. 지하철

2. Scegliete lo spelling corretto per queste parole:

A) Macchina vuota:

1. 빈자
2. 빈차

B) Carta dei mezzi di trasporto:

1. 교통카드
2. 교퉁카드

C) Ricaricare:

1. 숭전하다
2. 충전하다

25.2. I segreti svelati in questo capitolo

- I mezzi di trasporto in Corea sono efficientissimi.
- La scritta 출입구 indica l'entrata e uscita delle fermate metro.

- Le linee metropolitane sono identificate da un colore e da un numero. -호선 è la parola per "linea metropolitana" e si lega al numero della linea. In questo caso i numeri sono letti come sino-coreani.

- Per cambiare linea basta cercare il cartello giallo con su scritto 갈아타는곳, dal verbo 갈아타다 (cambiare mezzo di trasporto).

- Gli arrivi sono precisissimi e potete costantemente controllare dove sono le carrozze in arrivo e il tempo che ci impiegheranno per giungere a destinazione.

- Le porte della metro (출입문) sono doppie, per evitare cadute sui binari.

- I turisti alla loro prima esperienza devono fare attenzione a non prendere posto in un 노약자석, i posti riservati agli anziani e alle persone deboli. Queste seggiole devono rimanere sempre libere in caso qualcuno di questa categoria salga a bordo.

- La 교통카드 è la carta unica per i mezzi di trasporto, utilizzabile anche fuori dalla città di Seoul.

- La carta dei mezzi di trasporto può essere ricaricata in apposite macchinette con la scritta "교통카드충전기".

- Quando cambiate da metro ad autobus, se timbrate entro pochi minuti non vi saranno scalati ulteriori soldi.

- Alcune linee di autobus lavorano anche di notte.

- Bisogna timbrare anche prima di scendere dall'autobus, in modo da pagare solamente per la distanza percorsa e non il prezzo intero.

- I taxi sono disponibili a tutte le ore del giorno e della notte. I taxi liberi hanno la scritta "빈차" accesa.

- Una scritta a lato del conducente vi segnerà la somma da pagare man mano che il tempo passa. Di notte la tariffa è un po' più elevata rispetto al giorno.

- I taxi fanno prezzi diversi, soprattutto a seconda delle condizioni dell'auto. Le auto malmesse quindi vi chiederanno meno!

25.3. Soluzioni

1)

A, 1
B, 1
C, 2
D, 2

2)

A, 2
B, 1
C, 2

26. QUESTA VOLTA NON PRENDO IL TAXI - COME CHIEDERE INFORMAZIONI STRADALI

I mezzi pubblici sono tanto efficienti a Seoul che rispondono perfettamente al bisogno coreano di fare tutto il più in fretta possibile. **Per i coreani camminare da un punto all'altro è una perdita di tempo** se si può prendere un mezzo di trasporto e arrivare in un baleno.

Le fermate metropolitane sono così numerose che a piedi da una all'altra non ci si mette nemmeno 10 minuti. Per un coreano é normale fare tale tratto in metro; rarissimi sono i casi in cui decidono di fare la strada camminando.

Lo stesso vale per le indicazioni stradali. Oggigiorno é facile trovare il luogo che stiamo cercando: basta accendere il telefono e cercare l'indirizzo con la mappa di NAVER. Quando ho fatto la mia prima visita in Corea, però, internet non era ancora così efficiente e per trovare dei luoghi specifici mi affidavo alla saggezza dei passanti. **La gran parte delle volte mi é capitato che mi dicessero "è parecchio lontano, prendi un taxi"**.

La mia scarsità di denaro mi faceva preferire l'attività fisica. **Alla fine scoprivo sempre che erano dietro l'angolo, alla distanza massima di 5 minuti**. Per esperienza, quindi, per un normale coreano 5 minuti a piedi sono "troppi".

Anche se il telefono cellulare è diventato un gadget indispensabile nelle nostre tasche non è detto che abbiate sempre l'opportunità di consultare una pagina internet. In Corea le nostre SIM italiane hanno poca fortuna: non hanno campo. Potete usare qualsiasi wifi della città, ma non sempre sono liberi e la gran parte delle volte siete obbligati a fare acquisti per conoscerne la password. In alternativa, potete creare una SIM prepagata a costi contenuti, che vi permetterà di avere un traffico dati mensile. Ciò é fattibile solo dal terzo giorno che vi trovate in Corea.

Se quindi foste impossibilitati a controllare personalmente la strada la risposta è "chiedere indicazioni stradali agli sconosciuti". All'inizio sarà un po' difficile, ma **vedrete che i passanti saranno molto felici di aiutarvi**, soprattutto dopo aver sentito il vostro coreano. Quindi fatevi coraggio e correte a chiedere!

Prima di tutto cercate di attirare l'attenzione di una persona con "**저기요** (ciō-ghi-yŏ)". Abbiamo già incontrato questa parola nel capitolo del cibo; il suo significato letterale sarebbe "laggiù" ed è un modo di attirare l'attenzione di uno sconosciuto nei nostri confronti.

Poi va sempre bene essere gentili: **실례합니다** (shil-lyĕ-ham-ni-da), "**mi scusi**".

____에가야되지만길을잘몰라요.

"____ĕ ka-ya tue-ji-man ki-rŭl cial mŏl-la-yŏ."

"Dovrei andare a____ ma non conosco bene la strada."

Nello spazio metteremo il nome o l'indirizzo del posto che stiamo cercando.

Per completare l'esempio prenderemo "**광화문**" (kwang-hwa-mun), la zona centrale di Seoul dove potete visitare l'antico palazzo reale.

Quindi avremo:

광화문에가야되지만길을잘몰라요.

"Kwang-hwa-mu-nĕ ka-ya tue-ji-man ki-rŭl cial mŏl-la-yŏ."

Vediamo ora una parola alla volta.

Prima di tutto abbiamo 에 (ĕ): il complemento di moto a luogo che si riferire a 광화문 (kwang-hwa-mun).

Il verbo 가다 (ka-da, "**andare**") è invece legato alla struttura grammaticale "-야되다" (-ya tue-da). Questa viene usata per indicare un "obbligo". "가야되다" (ka-ya tue-da) viene quindi tradotto come "devo andare". La frase però non termina qui e legato al verbo 되다 (tue-da, "diventare") abbiamo una seconda struttura grammaticale, che si lega alla radice di un qualsiasi verbo: -지만 (-ji-man).

-지만 (-ji-man) è il nostro "ma", che unisce due frasi in contrasto.

"광화문에가야되지만..."

"Kwang-hwa-mu-nĕ ka-ya tue-ji-man…"

Fino qui la frase studiata ha il significato di "dovrei andare a Kwang-hwa-mun ma...".

Ora andiamo a vedere "길을잘몰라요".

길 (kil) è semplicemente "la strada".

잘 (cial) sta per "bene".

몰라요 (mŏl-la-yŏ) é "non sapere", coniugazione cortese del verbo 모르다 (mŏ-rŭ-da).

길을잘몰라요.

"Ki-rŭl cial mŏl-la-yŏ."

"Non so bene la strada."

Tutto insieme diventa:

광화문에가야되지만길을잘몰라요.

"Kwang-hwa-mu-nĕ ka-ya tue-ji-man ki-rŭl cial mŏl-la-yŏ."

"Dovrei andare a Kwang-hwa-mun ma non so bene la strada."

Un'altra frase potrebbe essere:

혹시광화문에가는길을아세요?

"Hŏk-shi kwang-hwa-mu-nĕ ka-nŭn ki-rŭl a-sĕ-yŏ?"

혹시 (hŏk-shi) = forse, per caso...

가는길 (ka-nŭn kil) è il modo per dire "la strada che va".

아세요 (a-sĕ-yŏ) è la versione onorifica del verbo 알다 (al-da, "sapere"), 알아요 (a-ra-yŏ) nella coniugazione cortese.

혹시광화문에가는길을아세요?
"Hŏk-shi kwang-hwa-mu-nĕ ka-nŭn ki-rŭl a-sĕ-yŏ?"
"Conosce per caso la strada che va a Kwang-hwa-mun?"

Come risposta oltre alle indicazioni su come arrivarci vi diranno la distanza temporale.

Per esempio:

여기에서광화문까지도보로 10분쯤걸려요.
"Yō-ghi-ĕ-sō kwang-hwa-mun-kka-ji tŏ-bŏ-rŏ ship-pun-jjŭm kōl-lyō-yŏ."
"Da qui a Kwang-hwa-mun a piedi ci vogliono circa 10 minuti."

Con: -에서 (-ĕ-sō) = complemento di tempo (tradotto come "da..."; esprime l'inizio di un lasso di tempo)

-까지 (-kka-ji) = "fino a..."; indica un luogo di arrivo o un orario massimo in un lasso di tempo.

도보로 (tŏ-bŏ-rŏ) = a piedi

-쯤 (-jjŭm) = circa (scritto dopo la quantità di tempo)

걸려요 (kōl-lyō-yŏ) = impiegarci, volerci (dal verbo 걸리다, kōl-li-da)

Oppure: 광화문은택시로약 5분거리에있다.
"Kwang-hwa-mu-nŭn thēk-shi-rŏ yak ŏ-bun kō-ri-ĕ i-tta."
"Kwang-hwa-mun è alla distanza di circa 5 minuti in taxi."

택시로 (thēk-shi-rŏ) = in taxi

약 (yak) = circa (scritto prima della quantità di tempo)

거리 (kō-ri) = distanza

5분거리 (ŏ-bun kō-ri) = distanza di 5 minuti

Quando i passanti vi aiuteranno a trovare la strada avrete sicuramente modo di sentire i seguinti vocaboli:

쭉 (jjuk) = dritto

In questo caso i coreani vi faranno sentire tutto il patos allungando la vocale -u (più somigliante a "jjuuuk"); è una cosa che fanno sempre tutti perchè rende l'idea di proseguire dritto per qualche tempo.

쪽 (jjŏk) = direzione

왼쪽 (uen-jjŏk) = la sinistra (direzione)

오른쪽 (ŏ-rŭn-jjŏk) = la destra (direzione)

왼쪽으로 (uen-jjŏ-ghŭ-rŏ) = a sinistra

오른쪽으로 (ŏ-rŭn-jjŏ-ghŭ-rŏ) = a destra

오른쪽으로가세요.
"Ŏ-rŭn-jjŏ-ghŭ-rŏ ka-sĕ-yŏ."
"Vada a destra."

왼쪽으로도세요.
"Uen-jjŏ-ghŭ-rŏ tŏ-sĕ-yŏ."
"Giri a sinistra."

도세요 (tŏ-sĕ-yŏ) é la coniugazione onorifica del verbo 돌다 (tŏl-da, girare).

La seconda possibilità, quella meno salutare nel caso cercaste una strada, è di prendere il taxi.

어디가세요?
"Ō-di ka-sĕ-yŏ?"
"Dove vuole andare?"

Questa sarà la domanda fatidica che vi farà il 기사아저씨 (ki-sa a-jō-sshi, il signore di mezza età autista).

Se non vi interessa arrivare in un luogo specifico, ma raggiungere un quartiere, farvi lasciare in zona e cercare da voi la strada, vi basterà aggiungere -요 (-yŏ) al nome del quartiere stesso.

Ad esempio:

동대문요 (Tŏng-dē-mu-nyŏ)

명동요 (Myōng-dŏng-yŏ)

Se invece avete un indirizzo preciso non è un problema! Tutti i taxi sono provvisti di un navigatore. Si da il caso però che i 기사아저씨 (ki-sa a-jō-sshi) ci mettano un'infinità a scrivere tutto l'indirizzo e a terminare la ricerca. Viene più facile dare indicazioni meno dettagliate, prendendo dei punti di riferimento molto comuni, come fermate metro o università.

이대정문에가세요.
"I-dē ciōng-mu-nĕ ka-sĕ-yŏ."
"Vada all'entrata principale di I-dē."

Con:

정문 (ciōng-mun) = entrata principale

이대 (i-dē) è l'abbreviazione di 이화여대 (i-hua-yō-dē), l'università femminile I-hua.

È l'università femminile più famosa e rinomata della Corea e ne sentirete sicuramente parlare.

강남역 2번출구에가세요.
"Kang-na-myōk i-bōn ciul-gu-ĕ ka-sĕ-yŏ."
"Vada alla seconda uscita della stazione metro di Kang-nam."

Potete legare "-번출구" (-bōn ciul-gu) a un numero per definire tale uscita metro.

대학로 4번출구 (tē-hang-nŏ sa-bōn ciul-gu)
= la quarta uscita della stazione metro di Tē-hang-nŏ

충무로 1번출구 (hciung-mu-rŏ il-bōn ciul-gu)
= la prima uscita della stazione metro di Hciung-mu-rŏ

서울역까지얼마예요?
"Sō-u-ryōk-kka-ji ōl-ma-yĕ-yŏ?"
"Quant'è fino la stazione metro di Seoul?"

여기서내릴게요.
"Yō-ghi-sō nē-ril-kĕ-yŏ."
"Scendo qui."

여기서내려주세요.
" Yō-ghi-sō nē-ryō ciu-sĕ-yŏ."
"Mi faccia scendere qui."

얼마나왔어요?
"Ōl-ma na-ua-ssō-yŏ?"
"Quant'é il totale?"

Infine per ringraziarlo mentre scendete dalla vettura potreste dire:

좋은하루보내세요.
"Ciŏ-ŭn ha-ru pŏ-nē-sĕ-yŏ."
"Buona giornata."

26.1. Esercizi

1. Trovate la giusta tradizione per queste parole:

A) Dritto:

1. 쭉
2. 쪽

B) Strada:

1. 길
2. 약

C) Sinistra:

1. 오른쪽
2. 왼쪽

2. Applicate -야되다 a questi verbi:

Esempio:

먹다, mangiare

먹다 + 야되다 = 먹어야되다

Nella forma cortese: 먹어야돼요.

A) 자다, dormire

B) 만나다, incontrare

C) 일하다, lavorare

3. Applicate -지만 a questi verbi:

Esempio:

알다, sapere

알다 + 지만 = 알지만

A) 모르다, non sapere

B) 없다, non avere

C) 공부하다, studiare

D) 좋다, piacere

E) 배우다, imparare

F) 주다, dare

26.2. I segreti svelati in questo capitolo

- I mezzi pubblici sono efficientissimi, per adattarsi allo stile di vita coreano.
- Di solito per i coreani camminare è uno spreco di tempo e cercheranno sempre un modo per velocizzarsi (taxi, bus, metro, scale mobili) anche se la distanza da percorrere è brevissima.
- In Corea le SIM italiane non hanno campo, pertanto se desiderate una connessione internet stabile dovete creare una "carta prepagata", attivabile dal vostro terzo giorno nella penisola.
- "저기요" è la frase perfetta per attirare l'attenzione di un passante nei vostri confronti.
- "실례합니다" è invece il "mi scusi" che usiamo noi prima di fare una domanda.
- "-에가야되지만길을잘몰라요" è la frase più semplice per chiedere indirettamente delle indicazioni stradali ad un passante. Vi basterà collegarla al nome del posto o della zona dove vi state recando.
- "-야되다" è la struttura grammaticale per esprimere un "obbligo". Vi basterà eliminare la sillaba –요 da un verbo d'azione e applicare questa formula grammaticale in sostituzione.
- -지만 collega due frasi in contrasto, come "ma" in italiano. Si unisce alla radice verbale di qualsiasi verbo; vi basterà quindi eliminare –다 dalla forma "infinita" e unirvi -지만.
- Il composto "잘몰라요" ha il significato di "non so bene" e potete usarlo per qualsiasi situazione in cui siete incerti di un qualcosa.
- -에서 oltre ad indicare un complemento di moto da luogo, è anche un complemento di tempo da tradurre con "da…".
- -까지 indica un luogo o tempo di arrivo.
- -쯤 e 약 hanno lo stesso significato di "circa"; la differenza sta nella loro posizione nei confronti di un numero: il primo è di seguito, mentre il secondo viene scritto prima.
- "-번출구" (legato ad un numero) serve per esprimere un'esatta uscita metropolitana.

- “좋은하루보내세요" è l’augurio per una buona giornata.

26.3. Soluzioni

1)
A, 1
B, 1
C, 2

2)

A) 자다 + 야되다

= 자야되다, 자야돼요 (devo dormire)

B) 만나다 + 야되다

= 만나야되다, 만나야돼요 (devo incontrare)

C) 일하다 + 야되다

= 일해야되다, 일해야돼요 (devo lavorare)

3)

A) 모르다 + 지만

= 모르지만 (non sapere ma...)

B) 없다 + 지만

= 없지만 (non avere ma...)

C) 공부하다 + 지만

= 공부하지만 (studiare ma...)

D) 좋다 + 지만

= 좋지만 (essere buono ma...)

E) 베우다 + 지민

= 배우지만 (imparare ma...)

F) 주다 + 지만

= 주지만 (dare ma...)

27. PERCHÈ GLI ATM ODIANO LA MIA CARTA? - CARTE DI CREDITO, PAGAMENTI E PRELIEVI

Quando si viaggia si ha sempre bisogno di una carta prepagata e questo vale anche per la Corea. Cose come il bancomat non vengono letti e pertanto se vi recaste con solo quello avreste dei seri problemi finanziari non appena finito il contante.

Per sicurezza io ho preferito armarmi di contante e ben due carte prepagate: una Visa e una Mastercard. Avevo paura che una delle due si smagnetizzasse, o che almeno un circuito dei due non fosse particolarmente diffuso.

Con i pagamenti nei negozi e ristoranti mi è capitato solo due o tre volte in tutto che la Mastercard non mi venisse accettata (la Visa si), perché il locale non lo consentiva proprio come circuito di pagamento valido.

Il problema si ha però con gli ATM, gli sportelli automatici per il ritiro di contante; non tutti sono abilitati alle carte straniere e quindi rischiate di continuare a vedere la vostra carta rifiutata.

Potete entrare in qualsiasi **banca** (**은행**, ŭ-nēng), ma l'importante è cercare la scritta "GLOBAL ATM". Con questo si viene ad indicare che uno sportello preciso (non tutti) sono abilitati alla lettura delle carte straniere e quindi avete modo di prelevare! Accanto alla scritta "GLOBAL ATM" avrete la lista esatta di circuiti abilitati (Visa e Mastercard non mancano mai!).

Vediamo ora una lista di parole per capirci di più andando ad utilizzare lo sportello bancario.

예금 (yĕ-gŭm) = risparmi

출금 (hciul-gŭm) = prelievo; a volte si può trovare 인출 ("in-hciul") che ha lo stesso significato

신용카드 (shi-nyŏng-kha-dŭ) = carta di credito

계좌 (kyĕ-jua) = conto bancario

입금 (ip-gŭm) = versamento

송금 (sŏng-gŭm) = bonifico bancario

현금 (hyōn-gŭm) = contanti

금액 (kŭ-mēk) = somma di denaro

금액선택 (kŭ-mēk-sōn-thēk) = selezione della somma di denaro

기타 (ki-tha) = altro (al di fuori di quello che si vede scritto)

비밀번호 (pi-mil-bō-nŏ) = PIN (password)

"비밀번호를눌러주세요."

"Pi-mil-bō-nŏ-rŭl nul-lō-ju-sĕ-yŏ."
= "Digiti il PIN"

Il verbo 눌러주세요 (nul-lō-ju-sĕ-yŏ) viene da "누르다" (nu-rŭ-da, digitare/premere).

"카드를가져가세요."
"Kha-dŭ-rŭl ka-jyō-ka-sĕ-yŏ."
"Porti con sè la carta."

Questa frase potrebbe esservi detta in automatico, quando a prelievo completato dovrete ritirare la carta. Il verbo "가져가세요" (ka-jyō-ka-sĕ-yŏ) deriva da "가져가다" (ka-jyō-ka-da), "portare con sé".

Se dovete lavorare in Corea avrete l'assoluto bisogno di aprire un conto bancario. I coreani non hanno modo di fare bonifici del genere in carte prepagate, pertanto qualsiasi lavoro voi andiate a fare avrete bisogno di un conto dove farvi mettere i soldini.

Se avete paura di non riuscire ad esprimervi appieno andate in banche grandi, specialmente in quelle interne ai campus universitari. Sapranno come accogliervi in inglese e proporvi il conto ideale per uno straniero.

Quando entrerete per la prima volta in una banca all'orario di apertura rimarrete esterefatti alla vista di un "concierge", che vi farà sentire come in un hotel a 5 stelle! Vi aiuterà ad aprire la porta, vi accoglierà con un caloroso saluto e un inchino profondo, infine vi chiederà il motivo della visita per selezionarvi il numero d'attesa. Che lusso!

La parola che sentirete di più è sicuramente 손님 (sŏn-nim, "cliente"), aggiunta al termine di quasi ogni frase.

어떻게도와드릴까요?
"Ō-ttō-khĕ tŏ-ua-tŭ-ril-kka-yŏ?"
"Come potrei esserle utile?"

계좌를개설하고싶어요.
"Kyĕ-jua-rŭl kĕ-sō-ra-gŏ shi-phō yŏ."
"Vorrei aprire un contro corrente."

신분증 (shin-bun-jŭng) = carta d'identità

여권 (yō-kkuōn) = passaporto

월급 (uōl-gŭp) = stipendio

통장 (thŏng-jang) = libretto di risparmio

서명 (sō-myōng) = firma

Se avete bisogno di cambiare il vostro contante potete farlo un po' ovunque, specialmente nelle zone molto turistiche. Vedrete dei cartelli all'esterno di queste strutture con scritto "CHANGE", assieme a tutti i cambi delle varie valute più importanti.

Tra le scritte in coreano ci saranno sicuramente:

환전 (huan-jōn) = cambio di valuta

환율 (hua-nyul) = tasso di cambio

유로 (yu-rŏ) = euro

달러 (tal-lō) = dollaro (dalla pronuncia inglese di "dollar")

엔 (ĕn) = yen

위안 (ui-an) = yuan

-(으)로바꿔주세요.
"-(ŭ)rŏ pa-kkuō-ju-sĕ-yŏ."
"Me li cambi in..."

Oppure:
-(으)로환전해주세요.
"-(ŭ)rŏ huan-jō-nē-ju-sĕ-yŏ."
"Me li cambi in..."

유로로바꿔주세요.
"Yu-rŏ-rŏ pa-kkuō-ju-sĕ-yŏ."
"Me li cambi in euro."

원으로환전해주세요.
"Uō-nŭ-rŏ huan-jō-nē-ju-sĕ-yŏ."
"Me li cambi in won."

Se desiderate avete banconote specifiche potete provare a richiederle.
만원짜리로바꿔주세요.
"Ma-nuōn-jja-ri-rŏ pa-kkuō-ju-sĕ-yŏ."
"Me li cambi con banconote da 10.000 won."

Con la parola "짜리" si intende proprio il "taglio" della banconota.

Proviamo ora a creare delle frasi più complesse.
Iniziamo dallo studiare il "passato". Come già accennato per crearlo dobbiamo aggiungere la doppia "esse" (-ㅆ), ma vediamo nello specifico come ricavare la giusta coniugazione dai vari verbi.

Basta che pensiate alla forma cortese di un verbo. Prendiamo come esempio il verbo "fare": 하다 (ha-da). Nella sua forma cortese diventa "해요" (hē-yŏ). Prima di tutto eliminiamo –요 (-yŏ). Ci rimane così solo "해-" (hē-). Da qui ci basterà aggiungere la doppia "esse" alla sillaba (했-) e terminare con –어요 (-ō-yŏ).

La coniugazione al passato del verbo "fare" è pertanto "했어요".

Lo stesso vale per qualsiasi altro verbo.

Vediamo altri esempi:

가다 (ka-da), 가요 (ka-yŏ), 갔 + 어요, 갔어요 (ka-ssō-yŏ)

가다 (ka-da) = andare

가요 (ka-yŏ) = vado

갔어요 (ka-ssō-yŏ) = sono andato

먹다 (mōk-ta), 먹어요 (mō-gō-yŏ), 먹었 + 어요, 먹었어요 (mō-gō-ssō-yŏ)

먹다 (mōk-ta) = mangiare

먹어요 (mō-gō-yŏ) = mangio

먹었어요 (mō-gō-ssō-yŏ) = ho mangiato

쓰다 (ssŭ-da), 써요 (ssō-yŏ), 썼 + 어요, 썼어요 (ssō-ssō-yŏ)

쓰다 (ssŭ-da) = leggere

써요 (ssō-yŏ) = leggo

썼어요 (ssō-ssō-yŏ) = ho letto

오늘파스타를먹어요.

"Ŏ nŭl pha-sŭ-tha-rŭl mō-gō-yŏ."

"Oggi mangio pasta."

어제파스타를먹었어요.

"Ō-jĕ pha-sŭ-tha-rŭl mō-gō-ssō-yŏ."

"Ieri ho mangiato pasta."

오늘친구를만나요.

"Ŏ-nŭl hcin-gu-rŭl man-na-yŏ."

"Oggi incontro gli amici."

어제친구를만났어요.

"Ō-jĕ hcin-gu-rŭl man-na-ssō-yŏ."

"Ieri ho incontrato gli amici."

어제은행에가서월급을입금했어요.
"Ō-jĕ ŭ-nēng-ĕ ka-sō uōl-gŭ-bŭl ip-gŭ-mē-ssō-yŏ."
"Ieri sono andato in banca e ho versato il mio stipendio."

Un'altra struttura grammaticale da studiare è "-아/어보다", "provare a...".

가보다 (ka pŏ-da) = provare ad andare...

먹어보다 (mō-gō pŏ-da) = provare a mangiare...

써보다 (ssō pŏ-da) = provare a scrivere...

김치를먹어봤어요?
"Kim-hci-rŭl mō-gō pua-ssō-yŏ?"
"Hai provato a mangiare il Kim-chi?"

"-아/어보다" può essere poi collegato con altre strutture grammaticali.

오늘은행에가봤지만길을못찾았어요.
"Ŏ-nŭl ŭ-nēng-ĕ ka pua-jji-man ki-rŭl mŏt hcia-ja-ssō-yŏ."
"Oggi ho provato ad andare in banca ma non ho trovato la strada."

27.1. Esercizi

1. Trovate la giusta traduzione per queste parole:
A) Prelevare:
1. 입금
2. 출금
B) Contanti:
1. 송금
2. 현금
C) PIN/password:
1. 비밀번호
2. 신용카드
D) Cambio di valuta:
1. 환전
2. 환율
E) Cliente:
1. 손님
2. 금액

F) Banca:

1. 은행

2. 예금

2. Trasformate al passato questi verbi:

Esempio:

자다, 자요, dormire

자(요) + ㅆ어요

= 잤어요

A) 마시다, 마셔요, bere

B) 걷다, 걸어요, camminare

C) 맵다, 매워요, essere piccante

D) 오다, 와요, venire

E) 가져가다, 가져가요, portare con sé

F) 배우다, 배워요, imparare

G) 가르치다, 가르쳐요, insegnare

H) 사다, 사요, comprare

I) 비싸다, 비싸요, essere costoso

L) 길다, 길어요, essere lungo

3. Legate la forma grammaticale "-아/어보다" a questi verbi:

Esempio:

요리하다, 요리해요, cucinare

요리해 + 보다 (oppure 봐요 nella forma cortese)

요리해보다

A) 타다, 타요, prendere (mezzo di trasporto)

B) 내리다, 내려요, scendere

C) 기억하다, 기억해요, ricordare

D) 입다, 입어요, indossare

E) 앉다, 앉아요, sedersi

F) 말하다, 말해요, dire

27.2. I segreti svelati in questo capitolo

- I bancomat italiani non funzionano in Corea; servono le carte prepagate con circuito internazionale.

- Non tutti gli sportelli delle banche sono usufruibili con una carta straniera; bisogna cercare quelli con la scritta "GLOBAL ATM".

- In caso iniziaste a lavorare in Corea avrete sin da subito l'esigenza di aprire un conto bancario, dato che non vi è altro modo per ricevere i soldi.

- Le banche hanno una grande attenzione verso il cliente, tanto da avere una specie di concierge in entrata che si occuperà di voi.

- Ci sono numerose strutture predisposte per il cambio della valuta e sono particolarmente concentrati nelle zone molto turistiche. Per chiedere di farci cambiare dei contanti in un'altra valuta possiamo usare:
  "-(으)로바꿔주세요" oppure "-(으)로환전해주세요".

- Con la parola "짜리" si può richiedere un taglio di banconote specifico: -원짜리로바꿔주세요.

- Per creare la forma passata di un verbo basta togliere –요 dalla coniugazione cortese e sostituirlo con la doppia "esse" (-ㅆ) e –어요.

- La struttura grammaticale "-아/어보다" vuol dire "provare a…". Basta togliere –요 dalla coniugazione cortese e sostituirlo con –보다.

27.3. Soluzioni

1)

A, 2
B, 2
C, 1
D, 1
E, 1
F, 1

2)

A) 마셔 + ㅆ어요

= 마셨어요

B) 걸어 + ㅆ어요
= 걸었어요

C) 매워 + ㅆ어요
= 매웠어요

D) 와 + ㅆ어요
= 왔어요

E) 가져가 + ㅆ어요
= 가져갔어요

F) 배워 + ㅆ어요
= 배웠어요

G) 가르쳐 + ㅆ어요
= 가르쳤어요

H) 사 + ㅆ어요
= 샀어요

I) 비싸 + ㅆ어요
= 비쌌어요

L) 길어 + ㅆ어요
= 길었어유

3)
A) 타보다
B) 내려보다
C) 기억해보다
D) 입어보다
E) 앉아보다
F) 말해보다

28. VADO A VIVERE IN TRE METRI QUADRATI! – COME TROVARE CASA

Trovare casa in Corea non è difficile, ma piuttosto costoso! Negli ultimi anni il costo degli immobili è salito alle stelle. Oggi prendere in affitto un intero appartamento è un po' proibitivo se non si ha una buona entrata fissa di denaro. Gli studenti e i visitatori occasionali optano per altri tipi di sistemazione. Per coloro che sono giusto di passaggio la scelta ricade su hotel o guest house.

호텔 (hŏ-thĕl) = **hotel**

호스텔 (hŏ-sŭ-thĕl) = **ostello**

유스호스텔 (yu-sŭ hŏ-sŭ-thĕl) = **ostello della gioventù** (dall'inglese "youth hostel")

게스트하우스 (kĕ-sŭ-thŭ ha-u-sŭ) = **guest house**

숙박 (suk-bak) = **alloggio**

숙박하다 (suk-ba-kha-da) = **alloggiare**

아리랑호텔에서숙박해요.
"A-ri-rang hŏ-thĕ-rĕ-sō suk-ba-khē-yŏ."
"Alloggio all'hotel Arirang."

Oppure per costruire questo tipo di frasi possiamo usare anche un verbo simile:

묵다 (muk-ta) = soggiornare

Questo verbo interagisce con i sostantivi attraverso la particella -에 (ĕ).
Avremo così questo tipo di frase:

이틀동안아리랑호텔에묵으려고해요.
"I-thŭl tŏng-an A-ri-rang hŏ-thĕ-rĕ mu-gŭ-ryō-gŏ hē-yŏ."
"Avrei intenzione di soggiornare all'hotel Arirang per due giorni."

Abbiamo appena visto un esempio con la struttura grammaticale –(으)려고하다.

Si lega solamente alle radici dei verbi d'azione ed esprime la volontà o l'intenzione di fare qualcosa.

Altri esempi potrebbero essere:

오늘치마를입으려고해요.
"Ŏ-nŭl hci-ma-rŭl i-bŭ-ryō-gŏ hē-yŏ."
"Oggi ho intenzione di mettermi la gonna."

3시에출발하려고해요.
"Sĕ-shi-ĕ hciul-ba-ra-ryō-gŏ hē-yŏ."

"Penso di partire alle 3."
(C'è l'intenzione di partire alle 3)

어제제친구를만나려고했지만밤늦게까지일해야됐어요.

"Ō-jĕ ciĕ hcin-gu-rŭl man-na-ryō-gŏ hē-jji-man pam nŭ-kkĕ-kka-ji i-rē-ya duē-ssō-yŏ."

"Ieri avevo in programma di incontrare i miei amici ma ho dovuto lavorare fino tarda notte."

Se la radice verbale termina per vocale andremo ad aggiungere –려고하다 (-ryō-gŏ ha-da); se la radice verbale termina per consonante andremo ad aggiungere –으려고하다 (-ŭ-ryō-gŏ ha-da).

열쇠 (yōl-sue) = chiavi

방번호 (pang-bō-nŏ) = numero di stanza

손님, 방번호는 3-01호입니다.

"Sŏn-nim, pang-bō-nŏ-nŭn sa-mĕ-i-rŏ-im-ni-da."

"Caro cliente, il numero della sua stanza è 3-01."

Il trattino tra due numeri viene letto "의" (ĕ) come il complemento di specificazione.

Per chi, invece, fosse in scambio studentesco consiglio sempre di pernottare in dormitorio: dà la possibilità di fare più conoscenze e di essere sempre in mezzo all'azione.

기숙사 (ki-suk-sa) = dormitorio

방친구 (pang-hcin-gu) = compagno di stanza

룸메이트 (rum-mĕ-i-thŭ) = compagno di stanza/coinquilino (dall'inglese "room-mate")

Per chi non amasse i dormitori ci sono due alternative: 하숙 (ha-suk) e 고시원 (gŏ-shi-uōn).

Per 하숙 (ha-suk) si intende l'esperienza in una vera casa coreana, dove il padrone di casa (o più spesso la padrona di mezza età) affitta parte della dimora, offrendo anche pulizie e qualche pasto. Una casa del genere è definita 하숙집 (ha-suk-cip, la casa ha-suk).

Il고시원 (gŏ-shi-uōn) è una grande struttura, dove ogni stanza è affittata ad una persona differente. Il bagno è all'interno di questo spazio personale, mentre la cucina è in comune.

È molto famoso soprattutto tra gli studenti squattrinati. La stanza è sempre molto piccola, con a volte nemmeno la presenza di una finestra. Ho avuto l'opportunità di viverci per un periodo e il letto non era nemmeno un singolo (sembrava più una mezza piazza).

Il bagno all'interno della stanza era un angolo di un metro e mezzo quadrato con le pareti trasparenti. È poco adatto a chi soffre di claustrofobia, ma molto pratico per chi non ha interesse negli spazi e gli basta un posto dove dormire.

Per chi, invece, non amasse condividere ci sono le 원룸 (uōn-rum, "one room"). Ce ne sono a tutti gli angoli della città. Si tratta di un appartamentino riunito in un'unica stanza, con solamente l'aggiunta del bagno. Pertanto cucina e stanza da letto si ritrovano assieme, in una ottimizzazione di spazi.

Ognuno ha caratteristiche diverse che sono riportate nelle schede in internet. Fare una prima ricerca è fondamentale per trovare quello che fa per noi.

Prima di tutto abbiamo l'affitto, che può essere mensile o annuale.

월세 (uōl-sĕ) = affitto mensile

전세 (ciōn-sĕ) = affitto annuale

보증금 (pŏ-jŭng-gŭm) = deposito

월세는얼마예요?
"Uōl-sĕ-nŭn ōl-ma-yĕ-yŏ?"
"Quant'è l'affitto mensile?"

월세는 60만원이에요.
"Uōl-sĕ-nŭn yuk-ship-ma-nuō-ni-yĕ-yŏ."
"L'affitto mensile è di 600.000 won."

Il piano in cui è collocata la dimore è indicato con 층 (hciŭng):

1층 (il-hciŭng) = primo piano

4층 (sa-hciŭng) = quarto piano

지하 2층 (ci-ha i-hciŭng) = secondo piano sotto-terra

반지하 (pan-ji-ha) = semi-interrato

요금 (yŏ-gŭm) = spese (bollette)

포함이되다 (phŏ-ha-mi tue-da) = essere compreso

수도요금 (su-dŏ yŏ-gŭm) = bolletta dell'acqua

수도요금포함 (su-dŏ yŏ-gŭm phŏ-ham) = bolletta dell'acqua compresa

Quando si affitta una camera, o un piccolo appartamento, delle spese potrebbero essere già comprese nell'affitto. È quindi importante informarsi e capire a riguardo. Con la scritta "포함 (phŏ-ham)" aggiunta affianco al "nome di una bolletta", indica che tale spesa è solamente sulle spalle del padrone di casa. Tutte le altre bollette non comprese vi arriveranno a casa per posta, con l'ammontare esatto di soldi da versare.

Altre bollette sono:

전기요금 (ciōn-ghi yŏ-gŭm) = bolletta dell'elettricità

가스요금 (ka-sŭ yŏ-gŭm) = bolletta del gas

전화요금 (ciō-nua yŏ-gŭm) = bolletta del telefono

인터넷요금 (in-thō-nĕt yŏ-gŭm) = bolletta internet

관리비 (kual-li-bi) = spese di gestione

In alcuni posti l'arredamento è fornito, mentre in altri vi danno solamente lo stabile. C'è sempre una lista di ciò che rimane in casa quando vi andrete poi a trasferire.

침대 (hcim-dē) = letto

옷장 (ŏ-jjang) = armadio

책장 (hciēk-jang) = libreria

신발장 (shin-bal-jang) = scarpiera

책상 (hciēk-sang) = scrivania

탁자 (thak-ja) = tavola

의자 (ŭi-ja) = sedia

거울 (kō-ul) = specchio

냉장고 (nēng-jang-gŏ) = frigorifero

세탁기 (sĕ-thak-ki) = lavatrice

청소기 (hciōng-sŏ-ghi) = aspirapolvere

선풍기 (sōn-phung-ghi) = ventilatore

에어컨 (ĕ-ō-khōn) = condizionatore

온돌 (ŏn-dŏl) = riscaldamento dal pavimento

Acqua e ventilazione sono le cose principali a cui prestare attenzione.

L'acqua di rubinetto in Corea non è potabile. Di solito ci sono i depuratori (in coreano 정수기, ciōng-su-ghi) un po' ovunque: assicuratevi di averne uno anche a casa o dovrete vivere con solo le bottiglie del supermercato.

Per quanto riguarda la ventilazione, invece, bisogna prestare attenzione che ci sia un ottimo ricircolo d'aria, o dovrete stare con aria pesante e umidità. Delle stanze non hanno nemmeno la finestra ma solo una ventola aspiratrice, altre seppur avendocela si scopre poi essere quasi inapribile.

I bagni moderni hanno il box-doccia all'occidentale, ma la gran parte delle case hanno la doccia "libera" tradizionale, senza nemmeno alcun telo a fermare gli schizzi. Per questo motivo in bagno ci sono sempre delle ciabattine di plastica, per non bagnarsi i piedi o i calzini sul pavimento.

Le porte, invece, sono ormai tutte tecnologiche. Non si usano più le chiavi, ma si inserisce un breve codice numerico che vi permette di entrare.

Se cercate in internet un posto dove stare, attenti alle foto ritoccate! Molto spesso ingrandiscono gli spazi con Photoshop, ma non sono mai dei lavoroni di precisione e di solito il water sembra così deformato da capire se le grandezze sono reali o no.

Quando poi ci saranno dei problemi dovrete chiamare il padrone o chi ha la responsabilità del posto (potrebbe essere un dipendente dell'agenzia immobiliare) per spiegargli i problemi.

In questo caso ci servono un po' di parole nuove, ma fortunatamente i verbi sono logici ed è facile ricordarsi quale usare.

변기 (pyōn-ghi) = sciacquone del water

세면대 (sĕ-myōn-dē) = lavello

싱크대 (shing-khŭ-dē) = lavandino

물 (mul) = acqua

변기물 (pyōn-ghi-mul) = l'acqua dello sciacquone

변기물을안내려가요.
"Pyōn-ghi mu-rŭl an nē-ryō-ga-yŏ."
"L'acqua dello sciacquone non scende."

세면대물을안내려가요.
"Sĕ-myōn-dē mu-rŭl an nē-ryō-ga-yŏ."
"L'acqua del lavello non scende."

내려가요 (nē-ryō-ga-yŏ) viene da 내려가다 (nē-ryō-ga-da).

La differenza tra 내리다 (nē-ri-da) e 내려가다 (nē-ryō-ga-da) è lieve: mentre il primo significa solamente "scendere", il secondo è l'unione tra "scendere" e "andarsene". L'acqua dello sciacquone, ad esempio, non scende e sta lì, ma scende e scompare: per questo in questi casi si utilizza 내려가다 (nē-ryō-ga-da).

Il verbo 들어오다 (tŭ-rō-ŏ-da) significa “entrare”, “venire dentro”. È il verbo che si usa per le cose che ci “arrivano” in casa, come il gas e l’elettricità.

가스가안들어와요.
“Ka-sŭ-ga an tŭ-rō-ua-yŏ.”
“Non arriva il gas.”
(Non funziona il gas)

전기가안들어와요.
“Ciōn-ghi-ga an tŭ-rō-ua-yŏ.”
“Non arriva l’elettricità.”

Un altro modo per dire che la luce non va è con le parole 전등 (ciōn-dŭng, luce artificiale) e 나가다 (na-ga-da, insieme tra “uscire” e “andare”).

전등이나갔어요.
“Ciōn-tŭng-i na-ga-ssō-yŏ.”
“È andata via la luce.”

Per le cose che non vanno abbiamo il solito 안되다 (an tue-da).

난방 (nan-bang) = riscaldamento

냉방 (nēng-bang) = climatizzazione

인터넷연결 (in-thō-nět yōn-ghyōl) = connessione internet

난방이안돼요.
“Nan-bang-i an duē-yŏ.”
“Non va il riscaldamento.”

창문이안열려요.
“Hciang-mu-ni an yōl-lyō-yŏ.”
“La finestra non si apre.”
Con 열려요 (yōl-lyō-yŏ) da 열리다 (yōl-li-da, aprirsi)

Per tutte le cose elettroniche che possono rompersi abbiamo invece il verbo 고장나다 (kŏ-jang-na-da, rompersi):

냉장고는고장난것같아요.
“Nēng-jang-gŏ-nŭn kŏ-jang-nan gōt ka-tha-yŏ.”
“Sembra che si sia rotto il frigorifero.”

In questo caso abbiamo anche una grammatica nuova: -ㄴ것같다.
Abbiamo già visto frasi simili, come:

요리를하는것을좋아해요.
"Yŏ-ri-rŭl ha-nŭn gō-sŭl ciŏ-a-hē-yŏ."
"Mi piace cucinare."

Vediamo ore la differenza tra le due: da una parte abbiamo "는", mentre dall'altra solamente "ㄴ".

Con questa nuova forma grammaticale potremmo avere entrambe le situazioni, dato che esprimono "tempi" diversi.

"는" indica una subordinata "presente":

거짓말을하는것같아요.
"Kō-ji-mma-rŭl ha-nŭn gōt ka-tha-yŏ."
"Sembra che stia mentendo." (azione nel presente)

Per le azioni compiute in passato abbiamo ㄴ/은:

거짓말을한것같아요.
"Kō-ji-mma-rŭl han gōt ka-tha-yŏ."
"Sembra abbia mentito." (azione nel passato)

In questo caso abbiamo aggiunto solamente -ㄴ perché la radice verbale 하- termina per vocale. Se invece avessimo avuto una radice verbale terminante con una consonante saremmo andati ad aggiungere –은.

엄마는밥을벌써먹은것같아요.
"Ōm-ma-nŭn pa-bŭl pōl-ssō mō-ghŭn gōt ka-tha-yŏ."
"Sembra che la mamma abbia già mangiato." (azione nel passato)

Con i verbi descrittivi useremo sempre –ㄴ/은:

그사람은돈이많은것같아요.
"Kŭ sa-ra-mŭn tŏ-ni ma-nŭn gōt ka-tha-yŏ."
"Sembra che quella persona abbia molti soldi."

아빠는바쁜것같아요.
"A-ppa-nŭn pa-ppŭn gōt ka-tha-yŏ."
"Sembra che papà sia indaffarato."

Abbiamo anche una terza possibilità: il futuro.

제친구는곧해외에갈것같아요.
"Ciĕ hcin-gu-nŭn kŏt hē-ue-ĕ kal kōt ka-tha-yŏ."
"Sembra che il mio amico andrà presto all'estero."

저녁은늦게먹을것같아요.

"Ciō-nyō-ghŭn nŭ-kkĕ mō-ghŭl kōt ka-tha-yŏ."
"Sembra che la cena si farà tardi."

Anche per il futuro abbiamo visto due situazioni diverse: -ㄹ e –를.

Come per il passato –ㄹ si lega alle vocali e –를 alle consonanti.

In generale possiamo dire che questa forma grammaticale, anche se in italiano non trova un corrispettivo che le faccia giustizia, serve in tutte quelle occasioni in cui non siamo sicurissimi di un qualcosa. Potrebbe essere una nostra deduzione da ciò che abbiamo osservato, o anche qualcosa che ci è stato riferito e dobbiamo ancora verificare. Viene utilizzato molto spesso per rendere più "dolce" un'affermazione, in modo che venga percepita in maniera meno diretta e aggressiva.

Una telefonata al nostro padrone di casa potrebbe essere così:

A) 여보세요?

"Yō-bŏ-sĕ-yŏ?"
"Pronto?"

B) 안녕하세요. 저는마르코예요. 작은문제가생겨서전화를드렸어요.

"An-nyōng-ha-sĕ-yŏ. Ciō-nŭn Ma-rŭ-khŏ-yĕ-yŏ. Cia-gŭn mun-jĕ-ga sēng-gyō-sō ciō-nua-rŭl tŭ-ryō-ssō-yŏ."
"Buongiorno. Sono Marco. La chiamo perchè è comparso un piccolo problema."

A) 네, 무슨문제요?

"Nĕ, mu-sŭn mun-jĕ-yŏ?"
"Sì, che problema?"

B) 변기물을잘안내려가요.

"Pyōn-ghi mu-rŭl cial an nē-ryō-ga-yŏ."
"L'acqua dello sciacquone non scende bene."

A) 언제부터그랬어요?

"Ōn-jĕ-bu-thō kŭ-rē-ssō-yŏ?"
"Da quando è così?"

B) 어젯밤부터그랬어요.

"Ō-jĕ-ppam-bu-thō kŭ-rē-ssō-yŏ."
"È così da ieri sera."

A) 네, 알겠어요. 지금바로갈게요.

"Nĕ, al-ghĕ-ssō-yŏ. Ci-ghŭm pa-rŏ kal-kĕ-yŏ."
"Ho capito. Arrivo subito."

B) 감사합니다. 좀이따가뵈어요.

"Kam-sa-ham-ni-da. Ciŏm i-tta-ga pue-ō-yŏ."

"La ringrazio. A tra poco."

28.1. Esercizi

1. Lega la forma grammaticale –(으)려고하다 ai seguenti verbi:

Esempio:
가다, andare
가려고하다

A) 마시다, bere

B) 먹다, mangiare

C) 타다, prendere (mezzo di trasporto)

D) 바꾸다, cambiare

E) 닫다, chiudere

2. Trova la traduzione appropriata per le seguenti parole:

A) Dormitorio:

1. 보증금

2. 기숙사

B) Elettricità:

1. 수도

2. 전기

C) Connessione:

1. 옷장

2. 연결

D) 의자:
1. Sedia
2. Tavola

E) Frigorifero:

1. 냉장고

2. 고시원

F) 침대:

1. Scrivania
2. Letto

3. Abbinate le parole ai giusti verbi:

Esempio:

냉방:

1. 되다

2. 들어오다

La risposta giusta è la numero 1:

냉방이되다/냉방이잘안되다.

A) 가스:

1. 들어오다

2. 내려가다

B) 싱크대물:

1. 고장나다

2. 내려가다

C) 전등:

1. 되나

2. 나가다

D) 에어컨:

1. 고장나다

2. 들어오다

4. Segui le istruzioni e scrivi i seguenti verbi con la nuova grammatica "-것같다":

Esempio:

가다, andare (fututo)

갈것같다

A) 주다, dare (presente)

B) 지나가다, passare via (passato)

C) 감다, chiudere (futuro)

D) 떨어지다, cadere (futuro)

E) 키다, accendere (passato)

28.2. I segreti svelati in questo capitolo

- –(으)려고하다 esprime la volontà o l'intenzione di fare qualcosa e si lega solamente ai verbi d'azione. Si aggiungere –려고하다 alle radici verbali che terminano per vocale e –으려고하다 a quelle che terminano per consonante.

- Gli affitti in Corea sono molto cari e posso essere mensili o annuali (월세/전세).

- Il piano di un edificio viene indicato con la parola 층. Se il piano è sotterraneo, invece, avremo la parola "지하", il numero del piano e la parola "층". 반지하 è il semi-interrato (letteralmente tradotto come "mezzo-sottoterra").

- Quando cercate una casa le prime cose da controllare sono acqua e ventilazione. In Corea l'acqua non è potabile, per questo sarebbe da avere in casa un depuratore (정수기).

- Ci sono diversi verbi per indicare un problema: 내려가다 per le cose che scendono e se ne vanno, 들어오다 per le cose che arrivano in casa, 되다 per le cose che funzionano/non funzionano e 고장나다 per le cose rotte.

- Con la grammatica -것같다 esprimiamo un pensiero, qualcosa di cui non siamo sicuri del tutto. –는 si lega ai verbi d'azione per il presente; con i verbi d'azione per il passato e tutti i verbi descrittivi abbiamo -ㄴ/은 (-ㄴ dopo vocale, -은 dopo consonante); con i verbi per il futuro abbiamo –ㄹ/을 (-ㄹ dopo vocale, -을 dopo consonante).

28.3. Soluzioni

1)

A. 마시려고하다

B. 먹으려고하다

C. 타려고하다

D. 바꾸려고하다

E. 닫으려고하다

2)

A, 2
B, 2
C, 2
D, 1
E, 1
F, 2

3)

A, 1: 가스가들어오다

B, 2: 싱크대물을내려가다

C, 2: 전등이나가다

D, 1: 에어컨은고장나다

4)

A. 주는것같다

B. 지나간것같다

C. 감을것같다

D. 떨어질것같다

E. 킨것같다

29. UN ANTIBIOTICO AL GIORNO TOGLIE IL MEDICO DI TORNO! - COME FARE SE CI SI AMMALA IN COREA

Febbre? Antibiotico.
Nausea? Antibiotico.
Tosse? Antibiotico.
L'antibiotico sembra essere la risposta coreana a tutto.

Mi è capitato molto spesso di stare male in Corea e sono entrata davvero in troppi ospedali. Una cosa di cui mi sono accorta fin da subito è stata l'intolleranza della cultura coreana verso la malattia. A febbraio, con normalissimi 15 gradi sotto zero, si vedono coreani con giubottini leggermente imbottiti, cerniera completamente aperta e gola al vento.

All'inizio avevo la mia teoria: i coreani sono immortali e fatti di puro ghiaccio; con il tempo ho realizzato che sono pochi quelli che "prevengono", coprendosi adeguatamente per mantenersi in salute. Hanno freddo anche loro ovviamente, ma la moda (o l'apparire in generale) ha più importanza e così sopportano fino a star male.

Questo "stile di vita" viene oltretutto supportato dalla farmaceutica. **Qualsiasi sia il vostro problema medici o farmacisti vi sovra-caricheranno di pillole; tra queste ci sono anche i nostri "amici" antibiotici: la risposta a qualunque piccolo sintomo di influenza.**

Mi é capitato di andare in una clinica per un problema alla schiena e ne sono uscita con una puntura al sedere per l'influenza in circolo al momento (somministrata quasi a forza).

Brutta notizia per chi deve effettuare spesso controlli medici: in Corea gli ospedali e le cliniche sono private e quindi costose. In alcuni ospedali la permanenza arriva anche a 1000 euro al giorno. Sfortunatamente nemmeno l'assicurazione sanitaria vi viene in aiuto. Con le mie prime visite in Corea mi preoccupavo ogni volta di pagare cifrone alla mia assicurazione, con la speranza che in caso di bisogno ricevessi tutto l'aiuto necessario. La prima volta che ho avuto bisogno di "assistenza" era sera tardi, quasi notte. Ho preso il telefono, cercato il numero giusto tra le carte e ho chiamato; dopo minuti di incomprensione ho capito che stavo parlando con un carro attrezzi (unico numero a me fornitomi). La seconda volta (con un'altra assicurazione) ho girato nei più grandi ospedali della capitale e non c'è stato nessuno che la riconoscesse. Dopo queste esperienze mi sono rifiutata di regalare altri soldi in giro e ho concluso che mi conveniva pagare quello che c'era da pagare. Se in caso voi decidiate di tentare spero abbiate maggior fortuna rispetto a me.

Se non vi sentite tranquilli con la lingua coreana e volete andare da qualcuno che si esprima bene in inglese, vi dovete recare negli ospedali studenteschi. Se siete studenti in scambio potete usare quello del campus a prezzi ridotti.

Se sapete quello di cui soffrite il mio consiglio è di evitare il medico e andare dritti in farmacia. Le farmacie sono a tutti gli angoli della città e non sarà difficile individuarne una vicino casa. Potete comunicare il vostro malessere e vi daranno loro dei medicinali adatti, senza pagare anche il parere del medico.

약 (yak) = farmaco

약국 (yak-kuk) = farmacia

약사 (yak-sa) = farmacista

병 (pyōng) = malattia

병원 (pyōng-uōn) = ospedale

간호사 (ka-nŏ-sa) = infermiere

의사 (ŭi-sa) = dottore

어디아프세요?
"Ō-di a-phŭ-sĕ-yŏ?"
"Dove le fa male?"

여기 (yō-ghi) = qui

아프다 (a-phŭ-da) = fare male

Se non sapete come chiamare una parte precisa del corpo vi basterà indicarla e dire semplicemente:

여기아파요.
"Yō-ghi a-pha-yŏ."
"Mi fa male qui."

배 (pē) = pancia

배가아파요.
"Pē-ga a-pha-yŏ."
"Mi fa male la pancia."

등 (tŭng) = schiena

허리 (hō-ri) = zona lombare

머리 (mō-ri) = testa

목 (mŏk) = collo

손 (sŏn) = mano

손목 (sŏn-mŏk) = polso

팔 (phal) = braccio

다리 (ta-ri) = gamba

무릎 (mu-rŭp) = ginocchio

발 (pal) = piede

발목 (pal-mŏk) = caviglia

속 (sŏk) = "interno", stomaco

속이안좋아요.
"Sŏ-ghi an ciŏ-a-yŏ."
"Sono scombussolato."
(Non stare bene di stomaco.)

소화 (sŏ-hua) = digestione

소화가잘안돼요.
"Sŏ-hua-ga cial an duē-yŏ."
"Non ho digerito bene."

소화제 (sŏ-hua-gĕ) = digestivo (pastiglia)

Vediamo ora un piccolo dialogo tra due persone (A e B):

A) "무슨일이있어요?"
"Mu-sŭn i-ri i-ssō-yŏ?"
"Che cos'hai?"
(Vedendo un'espressione o un comportamento anomalo)

B) "속이별로안좋아요."
"Sŏ-ghi pyōl-lŏ an ciŏ-a-yŏ."
"Non sto molto bene di stomaco."

A) "소화제를먹었어요?"
"Sŏ-hua-jĕ-rŭl mō-gō-ssō-yŏ?"
"Hai preso una pastiglia digestiva?"

B) "네, 먹었는데아직도안좋아졌어요."
"Nĕ, mō-gō-nnŭn-dĕ a-jik-dŏ an ciŏ-a-jyō-ssō-yŏ."
"Sì, l'ho presa ma non è ancora migliorato."

In quest'ultima frase ci sono due componenti che non conosciamo.

La prima è -는데 (-nŭn-dĕ). Si tratta di una forma grammaticale fondamentale, soprattutto nel parlato. Potete incastrarla nei vostri discorsi in quasi ogni situazione; vi servirà a collegare più frasi tra loro e prendere tempo per riflettere ed aggiungere ulteriori informazioni alla frase appena conclusa.

-는데 (-nŭn-dĕ) sfortunatamente non si comporta sempre nella stessa maniera. Avremo così: -(으)ㄴ데 (-(ŭ)ndĕ) aggiunto alla radice dei verbi descrittivi; -는데 (-nŭn-dĕ) aggiunto alla radice dei verbi d'azione, i verbi al passato e 있다/없다 (i-tta/ōb-ta).

Vediamo qualche esempio:

예쁜데 (yĕ-ppŭn-dĕ) da 예쁘다 (yĕ-ppŭ-da), essere carina.

In questo caso abbiamo aggiunto solo -ㄴ데 (-n-dĕ), dato che la radice del verbo 예쁘다 (yĕ-ppŭ-da) è 예쁘- (yĕ-ppŭ-); la radice verbale termina per vocale e quindi non abbiamo bisogno di ulteriori vocali per rendere la parola più facile da pronunciare.

길은데 (ki-rŭn-dĕ) da 길다 (kil-da), essere lungo.

In questo caso, invece, abbiamo dovuto aggiungere -으- (-ŭ-) alla radice 길- (kil-) per creare un'armonia fonetica.

많은데 (ma-nŭn-dĕ), da 많다 (man-tha), essere molti.

Anche in questo caso la radice verbale termina per vocale e quindi è stato aggiunto -은데 (-ŭn-dĕ) e non solo -ㄴ데 (-n-dĕ).

가는데 (ka-nŭn-dĕ), da 가다 (ka-da), andare.

In questo caso non abbiamo dubbi: con i verbi d'azione è sempre -는데 (-nŭn-dĕ), indipendentemente dal suono con cui termina la radice verbale.

입는데 (ip-nŭn-dĕ), da 입다 (ip-ta), indossare.

왔는데 (ua-nnŭn-dĕ), da 오다 (ŏ-da), venire.

Anche in questo caso non abbiamo dubbi; abbiamo un verbo al passato: 왔어요 (ua-ssō-yŏ). Manteniamo solo la radice verbale passata 왔- e aggiungiamo -는데 (-nŭn-dĕ) senza indugi.

있는데 (i-nnŭn-dĕ), da 있다 (i-tta), avere.

없는데 (ōm-nŭn-dĕ), da 없다 (ōp-ta), non avere.

La seconda forma grammaticale presente nella frase è -지 (-ji).

Il verbo 좋아지다 (ciŏ-a-ji-da) è una trasformazione del conosciuto verbo 좋다 (ciŏ-tha).

L'aggiunta di -지 al verbo dà un senso di "trasformazione".

Da 좋다 (ciŏ-tha, essere buono) arriviamo così a 좋아지다 (ciŏ-a-ji-da, diventare buono/migliorare).

Lo stesso vale per tutti gli altri verbi descrittivi:

예뻐지다 (yĕ-ppō-ji-da), 예뻐져요 (yĕ-ppō-jyō-yŏ) = diventare più carina.

많아지다 (ma-na-ji-da), 많아져요 (ma-na-jyō-yŏ) = diventare più numerosi.

Oltre ad usare la struttura "mi fa male _" per esprimere un dolore, esistono parole specifiche che derivano dai caratteri cinesi.

두통 (tu-thŏng) = mal di testa

편두통 (phyōn-tu-thŏng) = emicrania

배탈 (pē-thal) = mal di pancia

생리 (sēng-ni) = mestruazioni

생리통 (sēng-ni-thŏng) = dolori mestruali

근육 (kŭ-nyuk) = muscoli

근육통 (kŭ-nyuk-thŏng) = dolori muscolari

치 (hci) = denti

치통 (hci-thŏng) = mal di denti

머리가아파요.
"Mō-ri-ga a-pha-yŏ."
"Mi fa male la testa."

두통이있어요.
"Tu-thŏng-i i-ssō-yŏ."
"Ho mal di testa."

두통이났어요.
"Tu-thŏng-i na-ssō-yŏ."
"Mi è venuto mal di testa."

치가아파요.
"Hci-ga a-pha-yŏ."
"Mi fa male un dente."

치통이있어요.
"Hci-thŏng-i i-ssō-yŏ."
"Ho mal di denti."

치통이났어요.
"Hci-thŏng-i na-ssō-yŏ."
"Mi è venuto ma di denti."

설사 (sōl-sa) = diarrea

설사를하다 (sōl-sa-rŭl ha-da) = soffrire di diarrea

토하다 (thŏ-ha-da) = vomitare

감기 (kam-ghi) = influenza

감기에걸리다 (kam-ghi-ĕ kōl-li-da) = prendere l'influenza

목감기에걸리다 (mŏk-kam-ghi-ĕ kōl-li-da) = prendere l'influenza alla gola (mal di gola)

증상 (ciŭng-sang) = sintomi

증상이뭐예요?
"Ciŭng-sang-i muō-yĕ-yŏ?"
"Quali sono i sintomi?"
(Che sintomi ha?)

기침 (ki-hcim) = tosse

재채기 (ciē-hciē-ghi) = starnuto

비타민 (pi-tha-min) = vitamine

프로바이어티크스 (phŭ-rŏ-ba-i-ō-thi-khŭ-sŭ)= fermenti lattici

안티바이어티크스 (an-thi-ba-i-ō-thi-khŭ-sŭ)= antibiotici

벤드에이드 (pĕn-dŭ ĕ-i-dŭ) = cerotto

하루에 1번 (ha-ru-ĕ han-bōn) = una volta al giorno

하루에 3번 (ha-ru-ĕ sam-bōn) = tre volte al giorno

식사전 (shik-sa ciōn) = prima dei pasti

식사후 (shik-sa hu) = dopo dei pasti

Le medicine in farmacia vengono vendute normalmente, chiuse nelle loro scatole. Per non dimenticarvi le dosi vi scriveranno le indicazioni in grande sulla scatola.

Se invece decidete di sottoporvi a qualche visita medica dovete cercare una clinica generale (come quelle apposite per gli stranieri), dove i medici considerano il vostro problema qualunque esso sia. Le altre cliniche, invece, sono specializzate e dovreste cercare quella adatta al vostro problema. In questo caso chiedete del posto più vicino a voi a un qualunque coreano della zona. Le cliniche per gli stranieri sono più pratiche, ma anche molto più costose. Mi è capitato che il prezzo fosse 5/6 volte tanto.

In questo caso sono le cliniche stesse a fornirvi i medicinali, o si appoggiano alle farmacie circostanti. I farmaci vi vengono dati "sciolti": creano dei pacchettini sigillati di plastica, con dentro tutte le pastiglie da prendere prima/dopo ogni singolo pasto. Tutti i pacchettini sono contrassegnati da una di queste scritte:

아침 (a-hcim) = colazione

점심 (ciōm-shim) = pranzo

저녁 (ciō-nyōk) = cena

In questa maniera non potete confondervi!

29.1. Esercizi

1. Aggiungete -(으)ㄴ데/는데 a questi verbi:

Esempio: 청소를하다, pulire

È un verbo d'azione, pertanto andiamo a legarci -는데.

청소를하는데...

A) 만났다, aver incontrato

B) 요리를하다, cucinare

C) 짧다, essere corto

D) 잘생겼다, essere venuto fuori bene

E) 놓다, appoggiare/mettere giù

F) 타다, prendere (mezzo di trasporto)

G) 빠르다, essere veloce

H) 잡다, afferrare

2. Trasformate questi verbi con –지:

Esempio: 적다, essere poco

적어요, è poco

적어지다, diventare sempre più poco/diminuire

A) 두껍다, 두꺼워요, essere spesso

B) 크다, 커요, essere grande

C) 높다, 높아요, essere alto

D) 넓다, 넓어요, essere vasto

E) 더럽다, 더러워요, essere sporco

F) 깨끗하다, 깨끗해요, essere pulito

G) 춥다, 추워요, essere freddo

H) 다뜻하다, 다뜻해요, essere caldo

3. Trovate la giusta traduzione a queste parole:

A) 발목:
1. Caviglia
2. Polso

B) 두통:
1. Mal di denti
2. Mal di testa

C) 약국:
1. Farmacia
2. Farmacista

D) 증상:
1. Sintomi
2. Influenza

E) 설사:
1. Digestione
2. Diarrea

F) 재채기:
1. Starnuto
2. Dolori muscolari

29.2. I segreti svelati in questo capitolo

- In Corea non fanno molta prevenzione; preferiscono vivere spensierati e poi curarsi pesantemente con gli antibiotici.

- Gli ospedali sono privati e quindi costosi. Più rinomato è il posto più il prezzo sale, arrivando a cifre piuttosto sostanziose.

- Andare direttamente in farmacia a chiedere il parere del farmacista vi fa risparmiare tempo e denaro.

- Se non sapete come esprimere ciò che vi crea dolore, potete generalmente dire "여기아파요" indicando con il dito il punto esatto che vi reca danno.

- -(으)ㄴ데/는데 è una forma grammaticale universale, che potete inserire in quasi tutte le frasi e occasioni. Vi permette di collegare più frasi dando la sensazione che ci sia "molto di più da dire"; è particolarmente utile per prendere tempo mentre pensiamo alla prossima cosa da comunicare. I verbi descrittivi con radice verbale che termina per vocale avranno -ㄴ데, quelli che terminano per consonante avranno invece –은데. Tutte le altre situazioni (verbi d'azione, verbi al passato, 있다/없다) hanno bisogno di essere seguiti da -는데.

- Per trasformare un verbo descrittivo da statico a dinamico ci basterà aggiungere -지 alla forma infinitiva del verbo (togliete -요 dalla forma cortese e aggiungete -지다/-져요).

29.3. Soluzioni

1)

A) 만났는데

B) 요리를하는데

C) 짧은데

D) 잘생겼는데

E) 놓는데

F) 타는데

G) 빠른데

H) 잡는데

2)

A) 두꺼워지다, 두꺼워져요

B) 커지다, 커져요

C) 높아지다, 높아져요

D) 넓어지다, 넓어져요

E) 더러워지다, 더러워져요

F) 깨끗해지다, 깨끗해져요

G) 추워지다, 추워져요

H) 다뜻해지다, 다뜻해져요

3)

A, 1
B, 2
C, 1
D, 1
E, 2
F, 1

30. SONO FINALMENTE UN ALIENO! - LA CARTA DELLO STRANIERO

L'arrivo in Corea è incorniciato da molti più documenti di quelli che ci aspetteremmo. La procedura inizia già in aereo.

Quando arrivate all'aereoporto, prima di poter ritirare il vostro bagaglio, dovrete passare per gli sportelli dell'"immigrazione". State attenti a dove fate la fila: potreste essere tentati da una fila più corta o molto veloce, ma ci sono sportelli apposta per i coreani e altri per tutte le nazionalità. Vi chiederanno il passaporto e una cedolina con tutti i vostri dati, compresi numero di telefono, indirizzo dove alloggerete in Corea e motivo della visita. Alla vostra prima volta vi faranno una foto e prenderanno digitalmente le vostre impronte dei pollici. Per questo motivo la fila avanza con lentezza e dovrete aspettare un pò di minuti. Dopo ciò siete liberi di andare alla ricerca del vostro bagaglio. Davanti alle porte d'uscita ci sono delle guardie che vi chiederanno un secondo documento, questa volta bianco e con domande sul proprio bagaglio per la dogana. Ne basta uno per famiglia.

I due documenti che dovete consegnare prima di essere liberi vi saranno forniti in aereo, quando non manca molto all'atterraggio. Tenetevi una penna e tutte le info a portata di mano, in modo da poter proseguire lisci, senza perdere troppo tempo.

Le uscite sono contrassegnate con lettere. Se dovete incontrarvi con qualcuno mettetevi d'accordo prima: il mio consiglio è di calcolare all'incirca 40 minuti dopo l'orario di atterraggio e decidere di ritrovarsi davanti un gate specifico (esempio: GATE -C).

A 서울 (Sō-ul, la capitale) ci sono due aeroporti differenti: 인천국제공항 (in-hciōn kuk-jĕ kŏng-hang) e 김포국제공항 (kim-phŏ kuk-jĕ kŏng-hang).

국제 (kuk-jĕ) = internazionale

공항 (kŏng-hang) = aeroporto

Il 김포 (kim-phŏ) é più piccolino e usato soprattutto per i voli con altre nazioni asiatiche. L'인천 (in-hciōn), invece, è più vasto ed è collocato un pò fuori città. Per arrivare in centro da entrambi gli aeroporti c'è una linea metropolitana apposta che costa pochi euro. Dall'인천 (in-hciōn) ci metterete in media un'ora, un pó meno o un pò di più a seconda di dove dovete recarvi. Probabilmente con il vostro volo arriverete all'인천 (in-hciōn). Seguite le indicazioni per la metropolitana finché vi troverete due entrate diverse davanti a voi, una alla vostra sinistra e una alla vostra destra. La giusta da prendere è quella di sinistra. Fate il biglietto alle macchinette ed è fatta.

Se siete dei semplici visitatori e non avete nessun tipo di visto potete rimanere in tutta tranquillità in suolo coreano per 90 giorni. All'immigrazione vi verrà fatto un semplice timbro con la data massima in cui ripartire. Se invece avete altri piani di durata più lunga dovete procurarvi un visto (non turistico) prima della partenza.

Che si tratti di studio o lavoro vi verranno sicuramente fornite delle carte per richiedere un visto specifico al consolato o all'ambasciata coreana. Se non avete tempo di farlo portate con voi le carte e consegnatele all'immigrazione al momento dell'arrivo. Se non le avete con voi siete comunque obbligati ad andare all'ufficio dell'immigrazione per cambiare il visto turistico provvisorio con quello che fa al caso vostro. A me è successo di doverlo fare e mi sono beccata una bella "sanzione" di 100.000 won, poco meno di 100 euro.

Dopo aver fatto tutto eccovi finalmente in Corea! Eh no aspettate, manca ancora qualcosa. Non vi siete ancora registrati come "alieni". Sì, sì, avete letto bene. **Noi in Corea siamo ALIENI. Tutti gli stranieri che rimangono in suolo coreano per più di 90 giorni devono, prima di tale tempo, andare a richiedere una carta identificativa che si chiama "Alien Registration Card"**; forse è l'inglese che ci vuole male, perché in coreano suona semplicemente come "**carta di registrazione dello straniero**" (외국인등록증, ue-gu-ghin tŭng-nŏk-jŭng).

외국인 (ue-gu-ghin) = straniero

등록 (tŭng-nŏk) = registrazione

-증 (-jŭng) = certificato/carta

Questa tessera sarà il vostro nuovo documento di identificazione. Per richiederla dovete presentarvi ad uno degli uffici dell'immigrazione con la richiesta compilata (potete trovare le carte allo stesso ufficio), il vostro passaporto, una fototessera, all'incirca 30.000 won per i bolli da consegnare (i prezzi potrebbero cambiare), se si ha un contratto di affitto è meglio portare anche quello. A qualsiasi cambiamento (esempio: la residenza) dovete andare a far modificare i dati. Nella capitale ci sono due uffici diversi: uno a 오목교 (ŏ-mŏ-kkyŏ) e l'altro a 종각 (ciŏng-gak).

Per maggiori informazioni su come raggiungere le sedi e gli orari d'apertura potete visitare il sito ufficiale "immigration.go.kr".

출입국관리사무소 (hciu-rip-guk kual-li sa-mu-sŏ) = ufficio immigrazione

출입국 (hciu-rip-guk) = immigrazione

관리 (kual-li) = amministrazione/supervisionamento

사무소 (sa-mu-sŏ) = ufficio

A) 외국인등록증을만들었어요?
"Ue-gu-ghin tŭng-nŏk-jŭng-ŭl man-dŭ-rō-ssō-yŏ?"
"Hai fatto la carta dello straniero?"

B) 아직요.
"A-ji-kyŏ."
"Non ancora."

A) 거의 3개월지나갔잖아요. 빨리출입국관리사무소에가세요.

"Kō-i sam-ghē-uōl ci-na-ga-jja-na-yŏ. Ppal-li hciu-rip-guk kual-li sa-mu-sŏ-ĕ ka-sĕ-yŏ."

"Non dimenticarti che sono passati quasi tre mesi. Vai presto all'ufficio immigrazione."

Ecco una grammatica che non avevamo ancora incontrato: -잖아요. Si lega a qualsiasi radice verbale, per dire qualcosa anche se sappiamo che il nostro interlocutore ne è già a conoscenza. In italiano lo traduciamo con "come già sai...", "non dimenticarti che...", "dovresti sapere che...".

A) 신고서는인터넷에서못찾았는데어떻게해요?

"Shin-gŏ-sō-nŭn in-thō-nĕ-sĕ-sō mŏt hcia-ja-nnŭn-dĕ ō-ttō-khĕ hē-yŏ?"

"Non sono riuscito a trovare il documento di registrazione in internet, come faccio?"

B) 걱정하지마세요. 출입국관리사무소에서도있어요.

"Kōk-jōng-ha-ji ma-sĕ-yŏ. Hciu-rip-guk kual-li sa-mu-sŏ-ĕ-sō-dŏ i-ssō-yŏ."

"Non ti preoccupare. Ce ne sono anche all'ufficio immigrazione."

Il foglio da compilare per fare domanda è denominato in questa maniera:

통합신청서 (신고서)

"Thŏng-hap shin-hciōng-sō (shin-gŏ-sō)"

Ora vediamo qualche termine specifico usato nei documenti che dovrete andare a compilare.

성 (sōng) = cognome

명 (myōng) = nome

한자성명 (han-ja-sōng-myōng) = nome e cognome scritti in caratteri cinesi (se avete il nome registrato in tali caratteri, altrimenti lasciate lo spazio bianco)

성별 (sōng-byōl) = sesso

남 (nam) = uomo (da 남자, nam-ja)

여 (yō) = donna (da 여자, yō-ja)

국적 (kuk-jōk) = nazionalità

생년월일 (sēng-nyōn-uō-ril) = data di nascita

외국인등록번호 (ue-gu-ghin tŭng-nŏk pō-nŏ) = numero di registrazione dello straniero (il numero della carta di registrazione dello straniero, se ne siete già in possesso)

대한민국내주소 (tē-han-min-gung-nē ciu-sŏ) = indirizzo in Corea del Sud

본국주소 (pŏn-guk-ju-sŏ) = indirizzo nel proprio Paese di origine

근무처 (kŭn-mu-hciō) = luogo di lavoro

여권번호 (yō-kkuōn-bō-nŏ) = numero di passaporto

전화번호 (ciō-nua-bō-nŏ) = numero di telefono

신청사유 (shin-hciōng-sa-yu) = motivo della richiesta

신청기간 (shin-hciōng-ki-gan) = durata della richiesta

Alcuni visti non permettono la pluri-entrata in territorio coreano; il che vuol dire che nel mentre siete in Corea non potete fare viaggi al di fuori del Paese. Informatevi sulla tipologia del vostro visto per non avere problemi. Per quanto riguarda la carta dell'alieno non vi dovete preoccupare: ve la domanderanno in aeroporto per controllare che abbiate rispettato tutte le procedure; vi chiederanno se state lasciando la Corea definitivamente o se avrete ancora bisogno della carta, in modo che non la dobbiate rifare al vostro ritorno!

Se decidete di estendere il vostro periodo in Corea dovete tornare all'ufficio immigrazione con tutti i documenti e farlo presente: vi verrà stampata una nuova scadenza del visto sul retro. Molte persone hanno adottato la tattica del "turista per sempre", entrando e uscendo dalla Corea ogni 3 mesi, rinnovando continuamente il visto da turista. Vi consiglio di non fare altrettanto. I controlli sono sempre più severi e potreste avere problemi. La meta preferita era il Giappone, perché raggiungibile in poco tempo e soldi. Mi sono stati fatti personalmente dei controlli molto dettagliati all'aeroporto di Tokyo, perché come straniera in viaggio da una nazione all'altra avessi già un biglietto aereo di ritorno per il mio Paese d'origine, rispettando sempre le tempistiche di un visto turistico.

Ora siete pronti a partire! Carta d'imbarco alla mano e cinture allacciate…buon viaggio!

30.1. Esercizi

1. Trovate la giusta traduzione a queste parole:

A) Aeroporto:

1. 국제

2. 공항

B) Immigrazione:

1. 출입국

2. 외국인

C) Registrazione:

1. 등록

2. 관리

D) 대한민국:
1. Corea del Sud
2. Data di nascita

E) 주소:
1. Sesso
2. Indirizzo

F) Ufficio:
1. 근무처
2. 사무소

30.2. I segreti svelati in questo capitolo

- Al vostro arrivo in Corea dovrete passare per "l'immigrazione", dove saranno effettuate delle procedure per la sicurezza del Paese.

- Prima di potervene andare dovrete consegnare due documenti diversi. Vi saranno forniti ancora prima dell'atterraggio; se siete di fretta tenetevi tutte le informazioni che vi servono sonno mano insieme ad una penna.

- A 서울 ci sono due aeroporti differenti: 인천 e 김포. Sono collegati al centro città dalla stessa linea metro. L'인천, il più lontano dei due, dista mediamente un'ora.

- Il visto turistico vale 90 giorni. Per qualsiasi permanenza di giorni superiori vi dovete procurare un visto speciale. Potete richiederlo in Italia prima della partenza o portare tutte le carte con voi e farvelo fare al momento del vostro arrivo in aeroporto. Se non riuscite a procurarvelo in tempo dovete comunque richiederlo all'ufficio immigrazione (출입국관리사무소) entro i 90 giorni.

- Se dovete rimanere in Corea per più di 90 giorni avrete bisogno della carta dell'alieno (외국인등록증): la tessera identificativa per tutti gli stranieri in Corea. Ogni cosa deve essere riportata e modificata, in modo che sia sempre aggiornata.

- -잖아요si traduce con "come già sai..." per sottolineare che quello che si sta dicendo è già conosciuto dal nostro interlocutore.

- Non tutti i visti permettono più di un'entrata in territorio coreano: informatevi sulla tipologia del vostro visto prima della partenza.

30.3. Soluzioni

1)

A, 2
B, 1
C, 1
D, 1
E, 2
F, 2

Conclusioni

Siamo finalmente giunti al termine del nostro percorso lungo ben 30 giorni! Avete imparato un sacco di cose in poco tempo e sicuramente avrete voglia di vivere tutto ciò di persona e testare in qualche modo quello che avete letto.

Spero sia stato uno studio piacevole e utile per il futuro, sia che ne abbiate bisogno per lavoro, sia per un viaggio di piacere. **Probabilmente non basterà una sola lettura di questo libro per ottenerne il massimo della resa: il mio consiglio è di studiarvelo da capo almeno 2-3 volte nel giro di qualche mese.** In tal modo ne assimilerete meglio i contenuti e potrete ripeterli sempre con maggiore consapevolezza, efficacia e familiarità.

Così arriverà il giorno in cui andrete finalmente in Corea...

Il mio consiglio è: lasciatevi andare e non abbiate paura di sbagliare!

Avete bisogno di *usarla* la lingua, perché diventi spontanea! **Provate a dimenticarvi l'inglese e ad usare le sole parole che avete per esprimere tutto, anche concetti complessi.** Non cercate la perfezione lessicale, l'importante è capirsi!

Se riuscite a spiegare un vostro pensiero, senza conoscere le parole specifiche che usereste in italiano, allora state davvero usando la lingua in modo veicolare.

All'inizio ovviamente sarà difficile e non riuscirete a dire tutto ciò che volete, ma gli inizi sono sempre così e pian piano vi abituerete anche al coreano! Non perdetevi mai d'animo.

Ora, divertitevi! Buona avventura!

Stefania Simonato

Printed in Great Britain
by Amazon

39369668R00149